AF203592

Deutsch mit Olli

Fibel

Arbeitsheft
LEICHT|BASIS
mit Druckschrift-Lehrgang
Teil B

erarbeitet von
Silke Bergmann
Diana Feldmeier
Sabine Pfitzner-Kierzek
Kati Steinecke
Gabriele Stoll
Stefanie Stroh
Anja Tiedje
Annett Zilger

mit Illustrationen von
Manuela Ostadal
Petra Eimer (Papageien)

 Deine **interaktiven Gratis-Übungen** findest du hier:

1. Gehe auf scook.de.
2. Gib den unten stehenden Zugangscode in die Box ein.
3. Hab viel Spaß mit deinen Gratis-Übungen.

Dein Zugangscode auf
www.scook.de | aanh6-ycsu4

Cornelsen

 **Ä ä**

 Käse

Ä ä

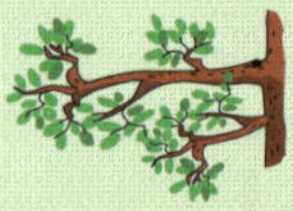

Äste

Bär

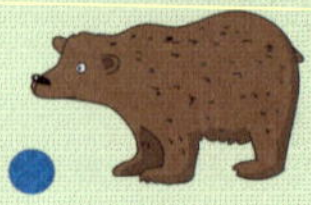

Käse

Käfer

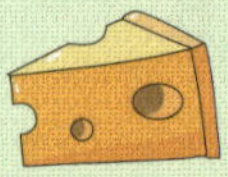

Milo wäscht die Flasche ab.

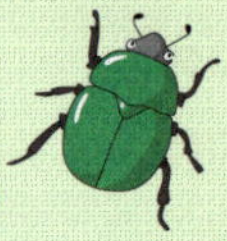

Opa hält Omas Hände.

Wähle aus.
Schreibe ab und
schreibe weiter.

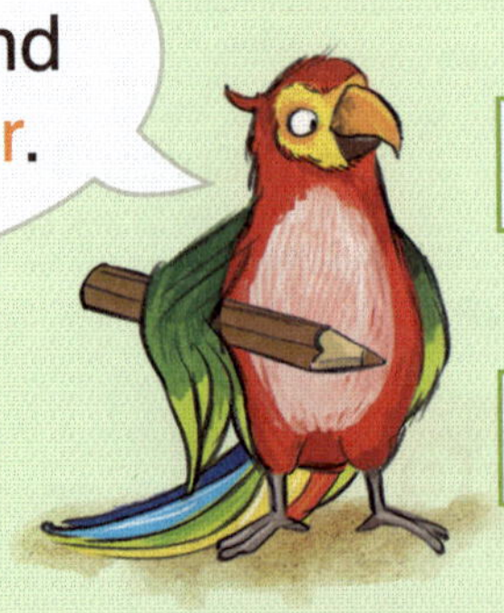

Das Mädchen Käte ist älter ...

Im März zähle ich ...

zu FS 62/63 – **oben** alle grauen Vorgaben nachspuren und Restzeilen entsprechend füllen
Mitte Sätze aus den Kästen erlesen und abschreiben
unten beide Satzanfänge erlesen – einen Satzanfang auswählen, ins Heft abschreiben und frei ergänzen

1  Bilde die Mehrzahl.

• der Zahn

 die Zähne

• der Ball

 die

• die Hand

• der Ast

die Zähne   die Bälle   die Hände   die Äste

2

Käfer haben

• 6 Beine.
• 6 Ärmel.

Käte zählt •

• die Käfer.
• die Wäsche.

Papa schält •

• den Käse.
• die Kartoffeln.

3

Käte krabbelt wie ein alter Kafer

unter die Blatter und Aste.

zu FS 62/63 – 1. *Lautbilder Käse und Äpfel* benennen – Begriff *Mehrzahl* erarbeiten – Einzahlbegriffe über den Zeilen erlesen – Mehrzahl bilden und die lautliche Veränderung des Vokals abhören – Mehrzahlbeispiel *die Zähne* nachspuren – zu den weiteren Begriffen die Mehrzahlform bilden und mit Umlautung verschriften (Lösungen in Ollis grünem Kasten) – **2.** Satzanfänge und Auswahlergänzungen erlesen – Satzanfänge mit der jeweils passenden Satzergänzung verbinden **3.** Satz sorgfältig artikulierend erlesen – fehlende Umlautungen finden und rot ergänzen

1 Bilde die Mehrzahl.

Ich bin
der Kapitän!

das Blatt

die Blätter

der Hals

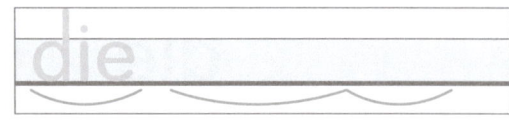
die

der Mann

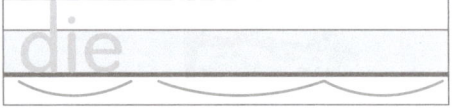
die

der Mantel

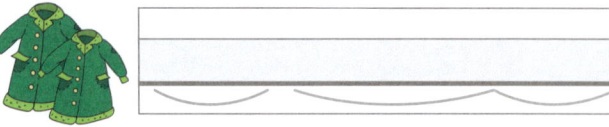

Manche Wörter ändern sich in der Mehrzahl nicht.

der Ärmel → die Ärmel   der Käfer → die Käfer

das Mädchen →

---

2 Finde alles, was zusammenpasst.

| Braun | Käse | Wasch | Heft | Eis | Käfer | März |

-bär

Braunbär   Waschbär   Eisbär

zu FS 62/63 – 1. *Lautbilder Käse und Äpfel* benennen – Begriff *Mehrzahl* wiederholen – Einzahlbegriffe über den Zeilen erlesen – Mehrzahl bilden und die lautliche
Veränderung des Vokals abhören – Mehrzahlbeispiel *die Blätter* nachspuren – zu den weiteren Begriffen die Mehrzahlform bilden und mit Umlautung verschriften
– im Klassenverband Ollis Merkkasten erlesen und besprechen – Plural von *das Mädchen* in die Zeile schreiben – **2.** Wiederholung „Komposita": Bestimmungswörter im oberen Kasten und Grundwort *-bär* im unteren Kasten erlesen – richtige Wörter aufschreiben (Lösungen in Ollis grünem Kasten)

 Ü ü

 Tür   Nüsse

Ü ü

Tüte

Blüte

Nüsse

fünf

Milo füllt Schalen mit Müsli.

Über der Tür krümelt Olli.

Schreibe ab und schreibe weiter.

1 In der Küche müssen …

2 Mit dem Füller übt Mila …

zu FS 64/65 – oben alle grauen Vorgaben nachspuren und Restzeilen entsprechend füllen
Mitte Sätze aus den Kästen erlesen und abschreiben
unten Satzanfänge erlesen – einen Satzanfang auswählen, ins Heft abschreiben und frei ergänzen

5

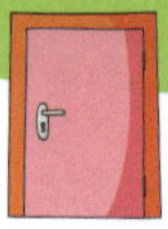

Ü ü

Tür   Nüsse

1 Bilde die Mehrzahl.

● die Wurst

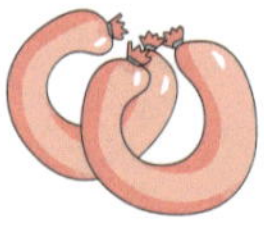

die Würste

● der Hut

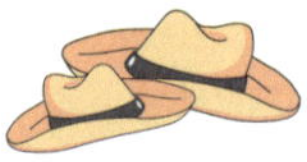

die

● der Turm

● die Nuss

die Würste   die Hüte   die Türme   die Nüsse

---

2 Was passt zusammen? und schreibe auf.

◯ oft Nüsse.   ◯ oft Blüten.

Im Müsli sind _____ .

◯ mit dem Würfel.   ◯ mit dem Füller.

Ela schreibt _____ .

3

Mila füllt funf Tuten mit Nussen

und Nudeln.

zu FS 64/65 – **1.** *Lautbilder Tür und Nüsse* benennen – Begriff *Mehrzahl* wiederholen – Einzahlbegriffe über den Zeilen erlesen – Mehrzahl bilden und die lautliche
Veränderung des Vokals abhören – Mehrzahlbeispiel *die Würste* nachspuren – zu den weiteren Begriffen die Mehrzahlform bilden und mit Umlautung verschriften
(Lösungen in Ollis grünem Kasten) – **2.** Satzanfänge und Auswahlergänzungen erlesen – jeweils passende Satzergänzung ankreuzen und abschreiben
3. Satz sorgfältig artikulierend erlesen – fehlende Umlautungen finden und rot ergänzen

1

         **5**

2

👁

Finde immer das falsche Wort.

Das ist
mein Tütü.

Olli liebt übt Nüsse über alles.

Früher klaute er Nüsse immer aus der Blüte Küche.

Sobald eine Tüte für raschelte, war Olli da.

Einmal wühlte blühte er im Müll nach den Schalen.

Da brüllte wünschte Oma sehr wütend:

„Diebe müssen bei den Hühnern küssen übernachten!"

3

✏

Lies und schreibe ab.

Ich rase aus der Küche und
füttere im Hof fünf Hühner.

zu FS 64/65 – 1. *Lautbilder Tür und Nüsse* und abgebildete Begriffe benennen – Begriffe danach abhören, ob der /ü/-Laut am Wortanfang, irgendwo im Wortinnern oder als letzter Laut am Wortende klingt
2. „Stolperwörter": Sätze einzeln erlesen – nicht in den Satz passendes Wort ermitteln und rot durchkreuzen – Text noch einmal lesen
3. Satz aus Ollis Sprechblase erlesen und abschreiben (LeMeSchKo)

7

G g

Schreibe ab.

Gestern konnte ich Gitarre üben.

Genau so sehen Giraffen aus.

zu FS 66/67 – oben Formübung G: Flügelkontur innerhalb der Gans wie vorgegeben nachspuren – weißes G mit mehreren Farben nachspuren – graue G einmal nachspuren – Feld mit weiteren G füllen – Schreibansatzpunkt und Richtungspfeile beachten
Mitte alle grauen Vorgaben nachspuren und Restzeilen entsprechend füllen
unten vorgegebene Sätze erlesen und ins Heft abschreiben

0 9 7 9 8 9 4 9 1 9 9

g   g   g   g

g   g

G g   G g

gut   gut

gelb   gelb

sagen   sagen

fragen   fragen

Auge   Auge

Igel liegen gemütlich im Gras.

zu FS 66/67 – oben Formübung g: alle Neunen innerhalb der „Telefonnummer" wie vorgegeben nachspuren – weißes g mit mehreren
Farben nachspuren – graue g einmal nachspuren – Feld mit weiteren g füllen – Schreibansatzpunkt und Richtungspfeile beachten
Mitte alle grauen Vorgaben nachspuren und Restzeilen entsprechend füllen
unten vorgegebenen Satz erlesen und ins Heft abschreiben

1 Aussagen enden mit einem **.** .

Wie betonst du Aussagen und Fragen?

Fragen enden mit einem **?** .

Markiere alle 🖊 grün. Markiere alle 🖊 gelb.

Diese Aufgabe ist schwer.

Tragen Könige Kronen?

Tiere fliegen mit Flügeln.

Sind alle Berge grau?

Gibt es grüne Tage?

Im Regen liegen ist doof.

---

2 Schreibe hier alle Aussagen ab. 🛟

_____

_____

_____

_____

_____

_____

Schreibe hier alle Fragen ab. 🛟

_____ ?

_____ ?

_____ ?

_____ ?

_____ ?

_____ ?

zu FS 66/67 – Ollis Seite zu „Aussagen und Fragen":
1. im Klassengespräch Aufgabe erlesen und sich über Ollis Hinweis austauschen – verschiedene Satzbetonungen ausprobieren –
in Einzelarbeit die Satzzeichen wie vorgegeben farbig markieren
2. Sätze von Aufgabe 1 erneut lesen – nach Aussagen und Fragen sortiert abschreiben (LeMeSchKo)

G g

1

2 Was passt zusammen ? ⊗ und schreibe auf. 🛟

○ gut würfeln.
○ gut fliegen.

Gänse können

_____.

○ auf dem Regenbogen.
○ im Garten.

Zwei Igel liegen

_____.

○ gerne Gemüse.
○ gelbe Gläser.

Papageien mögen

_____.

3 ♥ Ich liebe

_____

zu FS 66/67 – 1. *Lautbild Gabel* und abgebildete Begriffe benennen – Begriffe danach abhören, ob der /g/-Laut am Wortanfang
(1. Kästchen ankreuzen) oder später im Wort (2. Kästchen ankreuzen) klingt
2. Satzanfänge und Auswahlergänzungen erlesen – jeweils passende Satzergänzung ankreuzen und abschreiben (LeMeSchKo)
3. *optional:* freies Schreiben einer Ergänzung zum vorgegebenen Satzanfang

11

G g

1

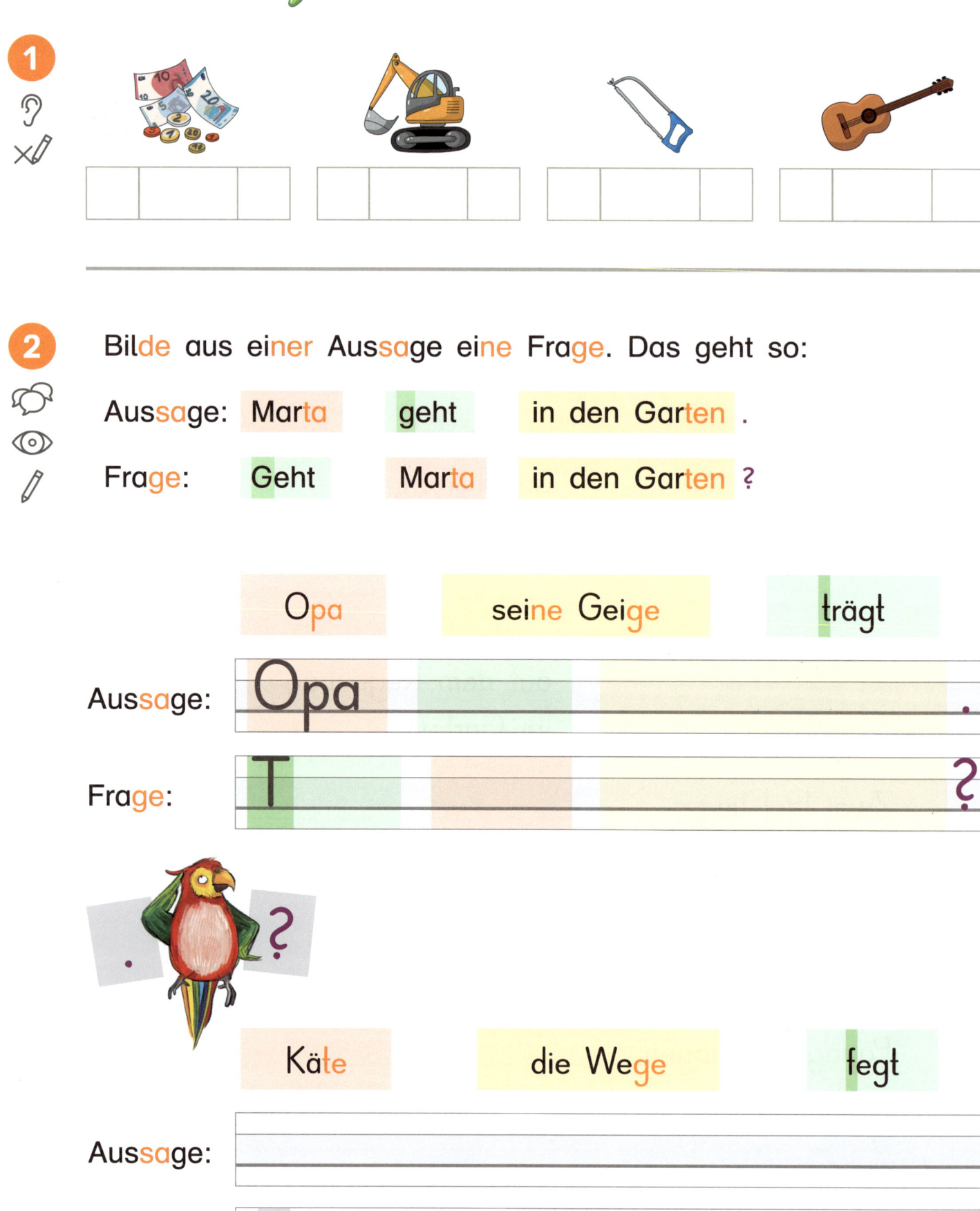

---

2   Bilde aus einer Aussage eine Frage. Das geht so:

Aussage: Marta   geht   in den Garten .

Frage: Geht   Marta   in den Garten ?

| Opa | seine Geige | trägt |

Aussage: Opa   .

Frage: T   ?

| Käte | die Wege | fegt |

Aussage: _____

Frage: F_____

zu FS 66/67 – 1. *Lautbild Gabel* und abgebildete Begriffe benennen – Begriffe danach abhören, ob der /g/-Laut am Wortanfang,
irgendwo im Wortinnern oder als letzter Laut am Wortende klingt
2. **Einführung „Satzumstellung":** im Klassengespräch erstes Beispiel zur Umwandlung einer Aussage in eine Frage erarbeiten –
Großschreibung am Satzanfang und Satzschlusszeichen thematisieren – das zweite Beispiel selbstständig umwandeln

12

3 Bilde Wörter aus den Silben. Welches Wort passt wohin?

| zei | lie | fe | sä✏ | | gen |

Marta möchte mit Papa das Holz

sä_____ .

Käte will Opa das gesunde Gemüse

_____ .

Olli möchte lieber gemütlich im Gras

_____ .

Schreibe hier eine Aussage richtig ab. 🛟

_____

_____

_____

_____

4 Wo liest du ein g , aber hörst ein k ?

Kreise grün ein.

Es ist ein sonniger Sonntag.✏

Im Garten liegen Äste

und ein riesiger Berg Sand.

Die Kinder bauen daraus lustige Burgen.

Olli landet auf einer Burg.

Prüfe:
ein Tag – zwei Tage
ein Berg – zwei Berge

zu FS 66/67 – 3. Auswahl der Erstsilben und die einzelne Zweitsilbe in den Kästen erlesen – ersten Satz erlesen und das vollständige Verb mit Endsilbe ergänzen – die weiteren Sätze entsprechend ergänzen – benutzte Silben ausstreichen (eine Silbe bleibt übrig: *fe-*) – eine der drei Aussagen abschreiben (LeMeSchKo)
4. Text erlesen und nach Vorgabe alle g abhören – Text erneut erlesen und alle g mit /k/-Lautung grün einkreisen – Ollis Sprechblase mehrfach lesen und die unterschiedlichen Lautungen des g abhören

13

J   J
         J

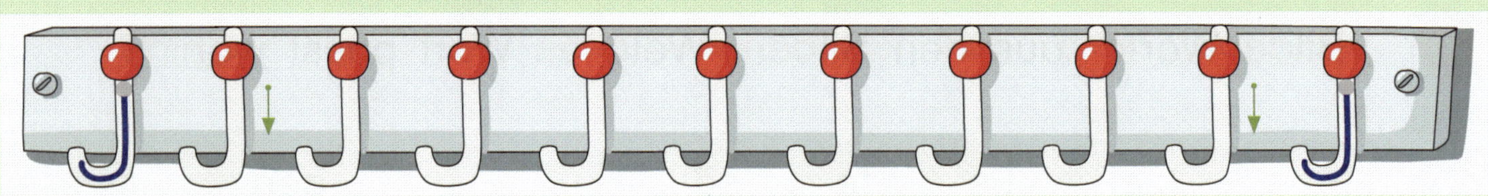

j   j
.2   j
1

J		J
j		j
J j		J j
Ju	Ju	ja	ja
Juni		Juni
jeder		jeder
jubeln		jubeln

Der Jaguar jagt den Jäger.

zu FS 70/71 – oben Formübung J: vorgegebene graue „Garderobenhaken" innen in Pfeilrichtung nachspuren – weiße J und j mit mehreren Farben nachspuren – graue J und j einmal nachspuren – Felder mit weiteren J bzw. j füllen – Schreibansatzpunkt und Richtungspfeil beachten
Mitte alle grauen Vorgaben nachspuren und Restzeilen entsprechend füllen
unten vorgegebenen Satz erlesen und ins Heft abschreiben

J j

1 Was passt zusammen?

Der Januar
- ○ ist ein Monat.
- ○ ist ein Jaguar.

Der Januar

Milo jubelt
- ○ im Joghurt.
- ○ auf einem Fest.

Milo jubelt

---

2 Welches Wort passt wohin?

jagt   rollt   jeder   will   jault

Ein Hund   jagt   hinter einem Igel her.

Der Hund   _____   an dem Igel schnuppern.

Der Igel   _____   sich jedoch zusammen.

Nun   _____   der Hund laut.

zu FS 70/71 – **1.** Satzanfänge und Auswahlergänzungen erlesen – jeweils passende Satzergänzung ankreuzen und abschreiben
2. Einführung „Lückensätze": Auswahlwörter und ersten Lückensatz erlesen – Lückenwort im ersten Satz nachspuren – die weiteren Sätze
nach und nach erlesen und entsprechend ergänzen – benutzte Wörter im Kasten ausstreichen (ein Wort bleibt übrig: jeder)

15

J j

1 So wird aus einer Aussage eine Frage:

Aussage: Frau Jäger   übt   Judo .

Frage: Übt   Frau Jäger   Judo ?

Schreibe die Fragen zu den Aussagen in die Zeilen.

Aussage: Jana   malt   für das Jubiläum .

Frage:

M

Aussage: Jedes Kind   jubelt   beim Fest .

Frage:

J

> Hast du an die Fragezeichen am Ende gedacht?

Aussage: Maja   übt   mit einem Jo-Jo .

Frage:

Ü

zu FS 70/71 – 1. Wiederholung „Satzumstellung": Beispiel zur Umwandlung einer Aussage in eine Frage erlesen und nachvollziehen – drei Aussagen nach dem Muster des Beispiels selbstständig in Fragen umwandeln und aufschreiben – Großschreibung am Satzanfang und Satzschlusszeichen (Ollis Sprechblase) beachten

Sp

Sp Sp Sp Sp

Sp Sp

Spinne Spinne

Spiegel Spiegel

Spur Spur

Specht Specht

Schreibe die Wörter in die Zeile ab.

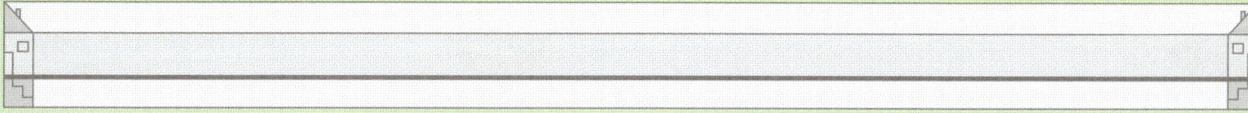

Spiel • Sprache • Sport

Beim Sportfest lernen alle lustige Spiele.

zu FS 72/73 – oben graue Sp einmal nachspuren – Feld mit weiteren Sp füllen
Mitte alle grauen Vorgaben nachspuren und Restzeilen entsprechend füllen – Ollis Sprechblase und Begriffe aus dem Kasten erlesen, Begriffe abschreiben
unten *optional:* vorgegebenen Satz erlesen und ins Heft abschreiben

17

Sp sp

sp   sp   sp   sp   sp   sp

sp   sp

Sp sp   Sp sp

spät   spät

spülen   spülen

spannen   spannen

spielen   sprechen   spinnen   spuken

Spanische Spechte sprechen mit sportlichen Spinnen.

zu FS 72/73 – **oben** graue sp einmal nachspuren – Feld mit weiteren sp füllen
Mitte alle grauen Vorgaben nachspuren und Restzeilen entsprechend füllen – Verben aus dem Kasten erlesen –
abgebildete Begriffe vor den Zeilen benennen und die Verben aus dem Kasten durch Abschreiben richtig zuordnen
unten *optional*: vorgegebenen Zungenbrecher erlesen und ins Heft abschreiben

Sp sp

1

Kreise alle Sp und sp ein.

Lies und male dann.

Jasmin und Jan spielen

mit einem roten Ball.

Ela und Milo spannen

ein braunes Seil.

Mila wirft einen blauen Speer.

Emil malt eine riesige Spinne.

2

Ich spinne!

Schaue in Aufgabe 1 nach.

Schreibe die Wörter mit Sp und sp passend ab.

Sp

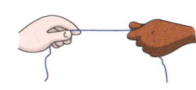 

sp

 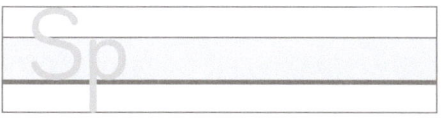

Sp

sp

zu FS 72/73 – 1. *Lautbild Spinne* benennen – Lese-Mal-Aufgabe: Text erlesen und alle Sp und sp grün einkreisen – Text erneut erlesen und Abbildung betrachten – Abbildung nach Textvorgabe ergänzen
2. abgebildete Begriffe vor den Zeilen benennen und in Aufgabe 1 suchen – Begriffe von dort passend zu den Abbildungen abschreiben (LeMeSchKo)

19

1 Lies auf den Fibelseiten 72/73 nach. Was ist richtig?

○ Alle wollen gemeinsam Sport treiben.

○ Milo spannt ein Seil über den Hof.

○ Eine Spinne legt eine Spur.

○ Mila und Jana wollen alle einladen.

○ Jede Familie malt ein Plakat.

---

2 Immer drei Wörter gehören zu einer Wortfamilie.
Male die Wörter in der gleichen Farbe an.

Sport ✏️	Spieler
spielen	sportlich
Sporthalle	Spiel ✏️

Schreibe hier die Wörter sortiert auf. 🛟

Wortfamilie: Spiel	Wortfamilie: Sport

zu FS 72/73 – 1 Partnerlesen: Fibelseiten 72/73 aufschlagen – Sätze der Aufgabe nach und nach erlesen und jeweils mit den Aussagen des Fibeltextes abgleichen – alle Aussagen ankreuzen, die sich mit den Fibeltext-Inhalten decken (1., 2. und 4.)
2. Einführung „Wortfamilie": ein Beispiel gemeinsam erarbeiten – Kästen, die zu einer Wortfamilie gehören, mit derselben Farbe markieren – Wörter nach Wortfamilien sortiert abschreiben (LeMeSchKo)

3 Sprich alle Wörter. Zeichne Silbenbögen.

Spiegel

Gespenst

sparen

sprechen

Sp und sp spricht man nur zu Beginn einer Silbe wie in 🕷.

Wespe

wispern

lispeln

Knospe

---

4 Schreibe nur die Wörter mit Sp und sp wie in 🕷 ab. 🛟

---

5 Kreise zuerst alle Sp und sp wie in 🕷 ein.

Ein Gespenst und ein Geist spuken in einer Burg.

Das Gespenst lispelt:

„Ich sperre die Spinnen in die Speisekammer."

Der Geist wispert: „Ich spaziere durch den Spiegel."

👥 Lies nun alles noch einmal mit einem Partnerkind.

zu FS 72/73 – 3. Wörter in den Kästen links und rechts jeweils deutlich artikulierend erlesen – Klangunterschiede bei Sp und sp innerhalb der Wörter heraushören – Ollis Sprechblase erlesen – Silbenbögen unter die Wörter in den Kästen setzen
4. Wörter mit /sp/-Lautung wie in *Spinne* aus Aufgabe 3 abschreiben (LeMeSchKo)
5. Text lesen und alle Sp und sp wie in *Spinne* grün einkreisen – wiederholtes Lesen mit einem Partnerkind

St St St St St St St

St   St

⭐ Stern   Stern
•

🪨 Stein   Stein
•

✏️ Stift   Stift
•

Finde Reimwörter,
die mit St beginnen.
Zum Beispiel:
  Bein
  Stein

• Raub   Hufe

Staub

• Runde   • Turm

Olli malt Sterne und einen Stier
mit einem Stift auf einen Stapel Papier.

zu FS 74/75 – oben graue St einmal nachspuren – Feld mit weiteren St füllen
Mitte alle grauen Vorgaben nachspuren und Restzeilen entsprechend füllen – Einführung „Reimwörter finden": Ollis Sprechblase erlesen – Begriffe über den
Schreibzeilen erlesen und nach Vorgabe des Beispiels in Ollis Sprechblase Reimwörter mit St am Anfang finden – Reimwörter unter die vorgegebenen Wörter
schreiben – unten optional: vorgegebenen Satz erlesen und ins Heft abschreiben

st   st   st   st   st   st

st   st

St st   St st

still   still

stark   stark

stehen   stehen

er staunt   er steigt   er stört   er stapelt

staunen   stören

er

steigen   stapeln

zu FS 74/75 – oben graue st einmal nachspuren – Feld mit weiteren st füllen
Mitte alle grauen Vorgaben nachspuren und Restzeilen entsprechend füllen
unten Verbformen mit Pronomen in Ollis Kasten erlesen – Infinitivformen über den Schreibzeilen
erlesen – Verbformen mit Pronomen zu den passenden Infinitivformen schreiben

23

1

Kreise alle (St) und (st) ein.
Lies und male dann.

Emil und Milo steigen

auf einen Berg.

Milo stolpert

über einen grauen Stein.

Emil steht neben

einem grünen Strauch.

Auf dem Berg

steht ein roter Turm.

2

Schaue in Aufgabe 1 nach.

Schreibe die Wörter mit St und st passend ab.

St | St

st | st

zu FS 74/75 – 1. *Lautbild Stern* benennen – Lese-Mal-Aufgabe: Text erlesen und alle St und st grün einkreisen – Text erneut erlesen und Abbildung
betrachten – Abbildung nach Textvorgabe ergänzen
2. alle Wörter mit St und st in Aufgabe 1 suchen – Wörter nach großem St und kleinem st sortiert in die Zeilen abschreiben (LeMeSchKo)

St st

1 Finde alles, was zusammenpasst.

| Nikolaus | Stroh | Winter | Gummi | Ski | Stein |

-stiefel

Nikolausstiefel

Nikolausstiefel Winterstiefel Gummistiefel Skistiefel

2

St r e n

St n ei

St r au ch

---

3 Bilde Wörter aus den Silben. Welches Wort passt wohin?

| star | stei | sta |

| ten | peln | gen |

Emil will mit den Spielen **star** .

Jasmin möchte Stoffwürfel .

zu FS 74/75 – 1. Wiederholung „Komposita": Bestimmungswörter im oberen Kasten und Grundwort -stiefel im unteren Kasten erlesen – richtige Wörter
aufschreiben (Lösungen in Ollis grünem Kasten) – 2. Begriff benennen – Einzelbuchstaben erlesen und in der richtigen Reihenfolge miteinander verbinden –
Wort in die Zeile zum Bild schreiben – 3. Anfangs- und Endsilben in den Kästen erlesen – Lückensätze erlesen – aus den Anfangs- und Endsilben passende Verben
bilden und die Lückensätze entsprechend ergänzen – benutzte Silben ausstreichen (zwei Silben bleiben übrig: stei- und -gen)

4 Sprich alle Wörter. Zeichne Silbenbögen.

Stimme

Strauch

stehen

steigen

St und st spricht man nur zu Beginn einer Silbe wie in ⭐.

Fenster

Fest

basteln

austragen

---

5 Schreibe nur die Wörter mit St und st wie in ⭐ ab.

---

6 Kreise zuerst alle (St) und (st) wie in ⭐ ein.

Emil und Milo streiten sich um eine gestreifte Weste.

Ela ist sauer: „Seid still! Ihr stört!

Die Weste gehört in die Kiste unter dem Fenster."

Emil stöhnt: „Ja, das stimmt!"

Lies nun alles noch einmal mit einem Partnerkind.

zu FS 74/75 – 4. Wörter in den Kästen links und rechts jeweils deutlich artikulierend erlesen –
Klangunterschiede bei St und st innerhalb der Wörter heraushören – Ollis Sprechblasse erlesen – Silbenbögen unter die Wörter in den Kästen setzen
5. Wörter mit /st/-Lautung wie in *Stern* aus Aufgabe 4 abschreiben (LeMeSchKo)
6. Text lesen und alle St und st wie in *Stern* grün einkreisen – wiederholtes Lesen mit einem Partnerkind

C c

C c

Comic

Clown

Cent

Computer

Com

zu FS 76/77 – oben graue C und c einmal nachspuren – Feld mit weiteren C und c füllen
Mitte alle grauen Vorgaben nachspuren und Restzeilen entsprechend füllen
unten abgebildeten Schreibtisch betrachten – Wörter benennen, auf die die farbigen Linien verweisen – Wörter in die passenden Zeilen schreiben (alle Wörter wurden oben auf der Seite bereits geschrieben) – *optional:* weitere Begriffe, die auf dem Schreibtisch zu sehen sind, mit Artikel benennen und ins Heft schreiben

27

C c

In Wörtern mit C oder c hörst du fast immer einen k-Laut – wie in .

Nur selten hörst du ein C oder c wie in .

2

Kreise alle C und c wie in  braun ein.

Kreise alle C und c wie in  gelb ein.

- Computer
- Cent
- Comic
- cool
- Clown
- Center
- Popcorn

3

Ordne nun die Wörter aus Aufgabe 1 dem passenden Lautbild zu.

zu FS 76/77 – **1.** Klassengespräch: Ollis Sprechblasen erlesen und sich über die verschiedenen Lautungen des C und c austauschen
2. Wörter im Kasten erlesen – Klang des C oder c in den Wörtern abhören und die Grapheme wie vorgegeben farbig einkreisen
3. Wörter aus Aufgabe 2 nach C/c-Lautung sortiert in die Zeilen abschreiben (LeMeSchKo)

C c

1

Ich bin Coco.
In meinem Namen sprichst du
C und c wie in  .

Ich bin Celina.
In meinem Namen sprichst du
das C wie in  .

2

Namen mit C und c

Kreise alle C und c wie in braun ein.

Kreise alle C und c wie in gelb ein.

Caroline   Marco   Lucie   Carla   Marcel   Lucas

---

3   Welches Wort passt am besten?

Cent   Comic   Computer   Clown   Lucie

Damit bezahlt man:

C

Er hat oft eine rote Nase:

Darin sind Bilder und Sprechblasen:

Damit kommst du ins Internet:

zu FS 76/77 – 1. Klassengespräch: Sprechblasen der Fibel-Äffchen *Coco* und *Celina* erlesen und sich über die verschiedenen Lautungen des C und c austauschen
2. Namen im Kasten erlesen – Klang des C oder c in den Wörtern abhören und Grapheme wie vorgegeben farbig einkreisen
3. Auswahlwörter und Lückensätze erlesen – Lückensätze jeweils mit dem passenden Auswahlwort ergänzen – benutzte Wörter im Kasten ausstreichen
(ein Wort bleibt übrig: Lucie)

  # Eu eu

eu   Eu   Eu   eu   eu   eu

Eu eu   Eu eu

Eule   Eule

Euro   Euro

Freunde   Freunde

neu   neu

heute   heute

| heulen | leuchten | ankreuzen |

zu FS 78/79 – **oben** graue Eu und eu einmal nachspuren – Feld mit weiteren Eu und eu füllen
Mitte alle grauen Vorgaben nachspuren und Restzeilen entsprechend füllen
unten Verben aus dem Kasten erlesen – abgebildete Begriffe vor den Zeilen benennen und die Verben aus dem Kasten durch Abschreiben richtig zuordnen

1

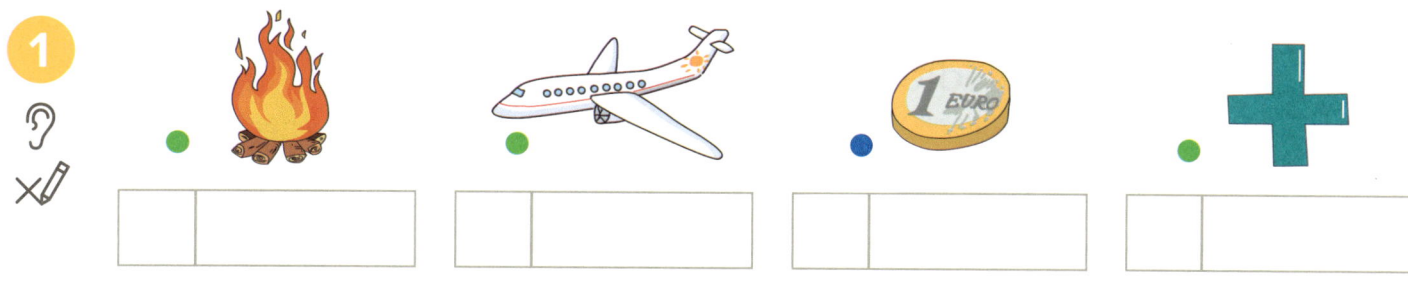

2

Kreise alle (Eu) und (eu) ein.

Lies dann.

Meine Stifte sind neu.

Sie kosten neun Euro.

Damit male ich heute ein Flugzeug.

Mein Freund Emil malt mit.

Emil malt eine Eule. Sie heult.

3

Schaue in Aufgabe 2 nach.

Schreibe alle Wörter mit Eu und eu ab.

Eu	eu
Eu	neu, neun

zu FS 78/79 – **1.** *Lautbild Eule* und abgebildete Begriffe benennen – Begriffe danach abhören, ob der /eu/-Laut am Wortanfang (1. Kästchen ankreuzen) oder später im Wort (2. Kästchen ankreuzen) klingt
2. Text erlesen und alle Eu und eu rot einkreisen – Text erneut erlesen
3. alle Wörter mit Eu und eu in Aufgabe 2 suchen – Wörter nach großem Eu und kleinem eu sortiert in die Zeilen abschreiben (LeMeSchKo)

31

  **Eu eu**

1

der oder die oder das ?

Feuer   Euro   Kreuz   Eule

die

+

das Feuer   das Kreuz   der Euro   die Eule

2

Kreise zuerst alle (Eu) und (eu) rot ein.

Kreuze die drei richtigen Aussagen an.

◯ Eulen kaufen gerne teure Kleider.

◯ Neun Euro sind mehr als fünf Euro.

◯ Ein treuer Freund ist wichtig.

◯ Manche Leute lieben heulende Perlen.

◯ Nachts leuchten die Sterne am Himmel.

Schreibe die richtigen Aussagen in dein Heft.

zu FS 78/79 – 1. bestimmte Artikel und Wörter im Kasten erlesen – abgebildete Begriffe benennen – Wörter mit Artikel neben die passenden Abbildungen abschreiben (LeMeSchKo – Lösungen in Ollis grünem Kasten)
2. Sätze erlesen und alle Eu und eu rot einkreisen – Sätze erneut einzeln erlesen und auf ihre Sinnhaftigkeit überprüfen – sinnvolle Sätze ankreuzen (2., 3. und 5. Satz) und ins Heft abschreiben (LeMeSchKo)

3

F __ e __ 　 __ eu __ 　 __ r __

F __ eu __ 　 __ r __ 　 B __ l __ __ e __ 　 Eu __ o __

Feuer / Beule / Euro (image labels)

4

Lies in der Fibel auf den Seiten 78 und 79 nach.

Kreuze an, was stimmt.

◯ neun heulende Leute.

Die Eule freut sich über ◯ die Hilfe ihrer Freunde.

◯ eine fette neue Beule.

◯ einem Ungeheuer helfen.

Die Feuerwehr will ◯ leuchtende Sterne löschen.

◯ eine Eulenhöhle retten.

zu FS 78/79 – 3. Begriff benennen – Einzelbuchstaben erlesen und in der richtigen Reihenfolge miteinander verbinden – Wort in die Zeile zum Bild schreiben
4. Fibelseiten 78/79 aufschlagen und erlesen – jeweils Satzanfang und Auswahlergänzungen erlesen und mit den Aussagen des Fibeltextes abgleichen –
passende Satzergänzung ankreuzen (oben: 2.; unten: 3.) und vollständigen Satz abschreiben (LeMeSchKo)

33

V v

 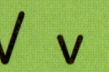 

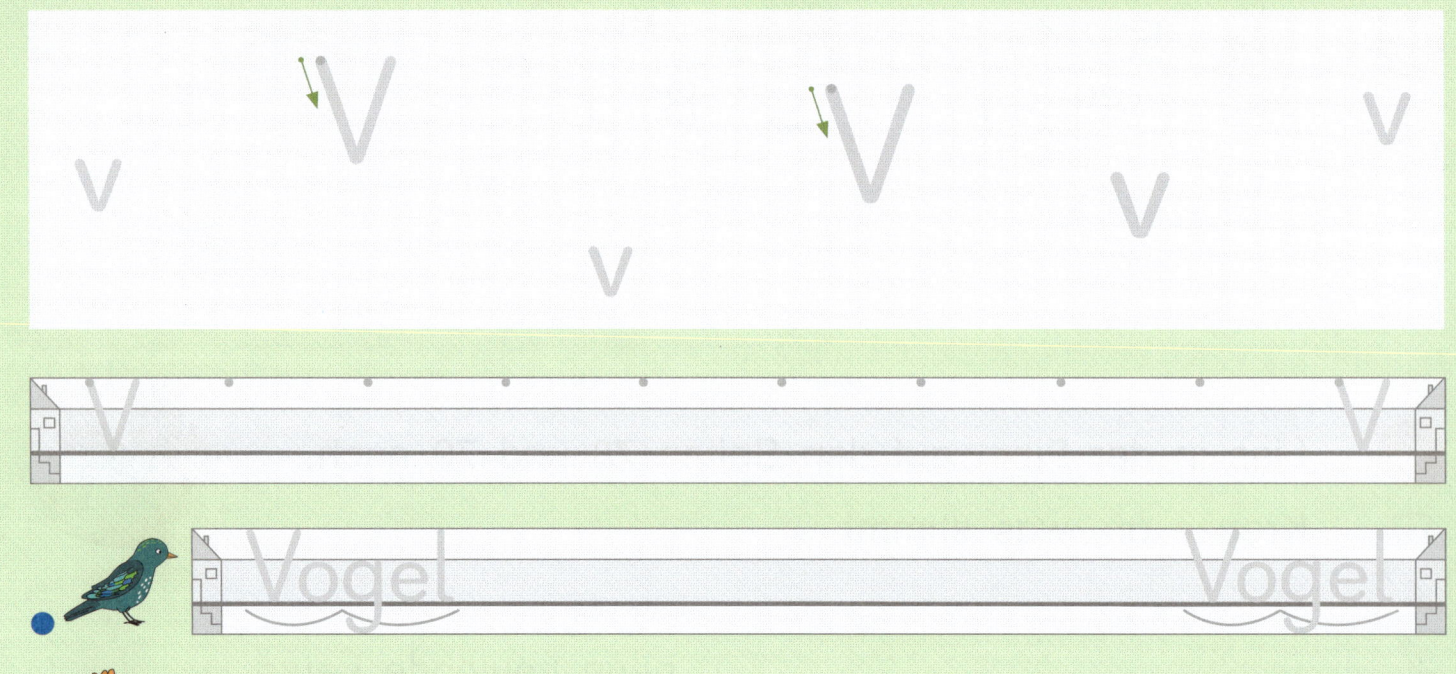

V

Vogel

Vater

Vase

Vampir

Vulkan

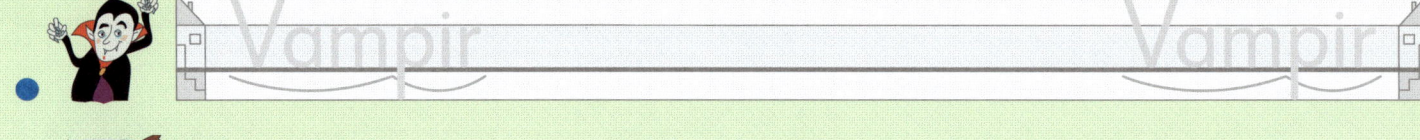

Mein Vorname ist:

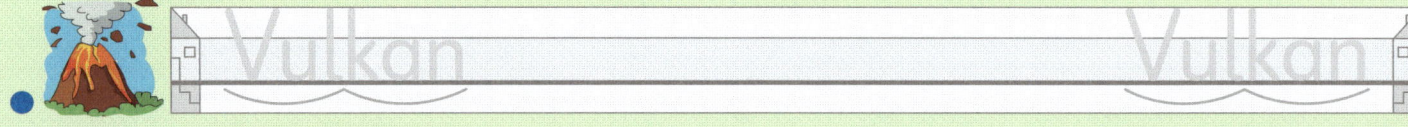

Mein Vorname ist Olli.
Ich bin heute ein Vampir.

 Olli fliegt als Vampir über einen Vulkan.

zu FS 80/81 – oben graue V und v einmal nachspuren – Feld mit weiteren V und v füllen
Mitte alle grauen Vorgaben nachspuren und Restzeilen entsprechend füllen
unten Ollis Sprechblase erlesen – Satz im Kasten erlesen und ins Heft abschreiben

V   V

V v   V v

von   von

vier   vier

viel   viel

voll   voll

vorbei   vorbei

| das Klavier | die Kurve | der November |

zu FS 80/81 – **oben** alle grauen Vorgaben nachspuren und Restzeilen entsprechend füllen
unten Nomen aus dem Kasten erlesen – abgebildete Begriffe vor den Zeilen benennen und
die Nomen durch Abschreiben (einfach oder mehrfach) richtig zuordnen

35

1 Was tun die Kinder hier?

 lesen  malen  rennen

sie _____

sie _____

sie _____

Diese Wörter nennen wir Verben.
Verben erklären, was jemand tut.
Verben schreiben wir klein.

2 Kreise nur

die vier
Verben ein.

laufen	Vater	Himmel
Vogel	weinen	Verkehr
schreiben	Zimmer	schlafen

3 Spiele vor, was du tun kannst. Lass andere Kinder raten.

zu FS 80/81 – Ollis Seite zu „Verben": 1. Abbildungen betrachten und Verben über den Schreibzeilen erlesen – Ollis Sprechblasenaussage
im Klassengespräch erörtern – in Einzelarbeit die Verben im Infinitiv abschreiben
2. Wörter im Kasten erlesen – Verben ermitteln und einkreisen
3. ein Kind wählt ein beliebiges Verb und stellt es pantomimisch dar – andere Kinder erraten, welches Verb gemeint ist

36

1

Manchmal sprichst du das V oder v wie in .

- Vogel
- Vater

vier

4

Manchmal sprichst du das V oder v wie in .

- Vase
- Vulkan
- Vampir

2

Trage die 6 Wörter von oben

richtig in die Tabelle ein.

V oder v wie in	V oder v wie in
Vo	

zu FS 80/81 – 1. *Lautbilder Vogel und Vase* benennen – unterschiedliche /v/-Lautungen abhören und benennen (stimmlos: wie in *Vogel* – stimmhaft: wie in *Vase*) – Wörter erlesen und mit den passenden Abbildungen verbinden
2. Wörter aus Aufgabe 1 nach stimmloser und stimmhafter Lautung sortiert in die Tabelle abschreiben (LeMeSchKo)

37

V v

1 Das V oder v sprichst du wie in oder wie in .

 Kreise (V) und (v) wie in Vogel grün ein.

Kreise (V) und (v) wie in Vase blau ein.

| November | Verband | Verb |
| Kurve | Vorname | Verkehr |

---

2 Schreibe nun die Wörter von oben in die passende Zeile.

---

3 Kreuze zuerst an, was stimmt.

 ◯ Ein Tag dauert nur vier Stunden.

 ◯ Ein leerer Eimer ist nicht voll.

 ◯ Oft kaufen wir zu viel von etwas ein.

Kreise die vier Wörter mit v ein. Schreibe sie ins Heft.

zu FS 80/81 – 1. *Lautbilder Vogel und Vase* benennen – unterschiedliche /v/-Lautungen abhören und benennen (stimmlos: wie in *Vogel* – stimmhaft: wie in *Vase*) – Wörter erlesen und darin alle stimmlos klingenden V/v grün, alle stimmhaft klingenden V/v blau einkreisen
2. Wörter aus Aufgabe 1 nach stimmloser und stimmhafter Lautung sortiert in die Zeilen abschreiben (LeMeSchKo)
3. Sätze erlesen und auf Wahrheitsgehalt überprüfen – richtige Sätze ankreuzen (2. und 3. Satz) – Wörter mit v einkreisen und ins Heft abschreiben (LeMeSchKo)

4 Jedes Kind würfelt einmal.

1. Kind 🎲   2. Kind 🎲

1. Kind		2. Kind	
⚀	Der kleine Vampir	⚀	verliert vier Zähne.
⚁	Der liebe Vater	⚁	vermisst eine Brille.
⚂	Der lustige Vogel	⚂	hopst vor das Fenster.
⚃	Der verliebte Kater	⚃	schnurrt viel.
⚄	Der vorsichtige Olli	⚄	knabbert am Pullover.
⚅	Die mutige Valentina	⚅	spielt auf dem Klavier.

Lest eure gewürfelten Zeilen direkt hintereinander.

5 Schreibe hier zwei lustige Aussagen von oben auf.

1. _____

_____

2. _____

_____

zu FS 80/81 – 4. „Würfelsätze": Partnerspiel (beliebig oft zu wiederholen): erstes Kind erwürfelt Satzanfang aus dem linken Kasten, zweites Kind erwürfelt Satzergänzung – Erlesen des vollständigen Satzes
5. zwei der erwürfelten Sätze ins Heft abschreiben (LeMeSchKo) – optional: weitere Sätze ins Heft abschreiben

39

Sa**ck**

ck

ck ck
ck ck
ck ck

ck   ck

Jacke   Jacke

Rücken   Rücken

Hecke   Hecke

Zucker   Zucker

Stock	Picknick	Sack	Rock

zu FS 84 – **oben** graue ck einmal nachspuren – Feld mit weiteren ck füllen
Mitte alle grauen Vorgaben nachspuren und Restzeilen entsprechend füllen
unten Wörter aus dem Kasten erlesen – abgebildete Begriffe vor den Zeilen benennen und die Wörter aus dem Kasten durch Abschreiben richtig zuordnen

dick

lecker

packen

hocken

backen

lecken

Ordne zu.

Olli packt den Koffer.

Opa backt ein Brot.

Oma deckt den Tisch.

zu FS 84 – oben alle grauen Vorgaben nachspuren und Restzeilen entsprechend füllen
unten Sätze erlesen – abgebildete Begriffe vor den Zeilen benennen und die Sätze durch Abschreiben richtig zuordnen

41

 S**a**ck **ck**

1 Er**gä**nze Reim**wö**rter mit (**ck**).

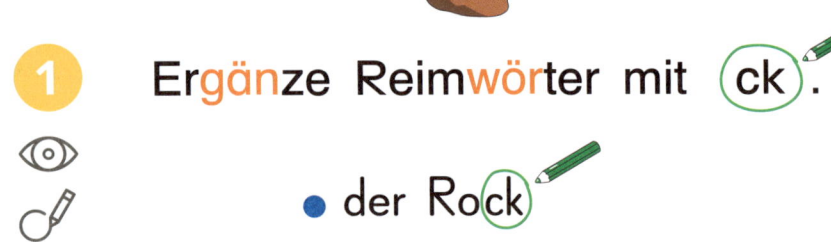

• der Ro**ck**

der St _____

• das Stück

das Gl _____

• der Dr**eck**

der Fl _____

2 Bil**de** die Mehr**zahl**.

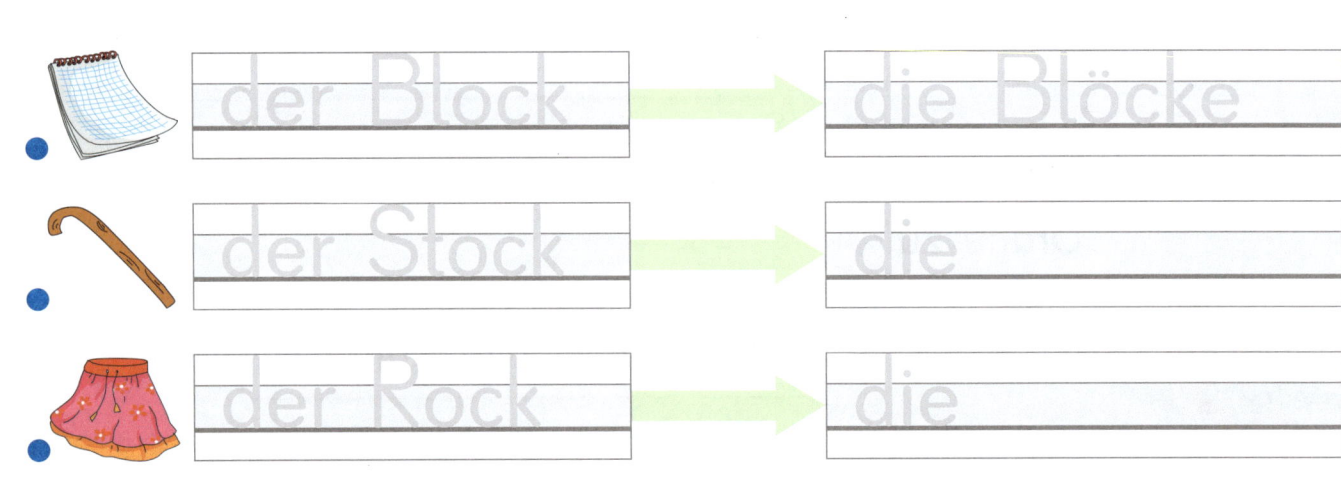

der Block → die Blöcke

der Stock → die

der Rock → die

3 Eis ist im**mer** le**ck**er.

Mi**la** schleckt Scho**ko**eis.

Mi**lo** hat zwei Ku**ge**ln.

Er kle**ck**ert auf die Ja**ck**e.

Die ist nun dre**ck**ig.

zu FS 84 – 1. „Reimwörter finden": Begriffe über den Schreibzeilen erlesen und nach Vorgabe des Beispiels Reimwörter mit den vorgegebenen Graphemen am Wortanfang finden – Reimwörter unter die vorgegebenen Wörter schreiben – 2. Einzahlbegriffe erlesen – Mehrzahl bilden (Begriff Mehrzahl ggf. vorab wiederholen) und die lautliche Veränderung des Vokals abhören – erstes Beispiel nachspuren – zu den weiteren Begriffen die Mehrzahlform bilden und mit Umlautung verschriften – 3. Lese-Mal-Aufgabe: Text erlesen und Abbildung betrachten – Abbildung nach Textvorgabe ergänzen

ck

 Sack

1 Ergänze Reimwörter mit (ck).

packen

b

nicken

p

lecken

schm

kleckern

m

---

2 Kreuze an, was stimmt.

Mila trägt

○ eine schicke Jacke.

○ einen Rucksack.

○ einen neuen Rock.

Olli hockt

○ unter einer Decke.

○ in einer Hecke.

○ in einer Zahnlücke.

---

3 Schreibe eine richtige Aussage aus Aufgabe 2 auf.

zu FS 84 – 1. „Reimwörter finden": Begriffe über den Schreibzeilen erlesen und Reimwörter mit den vorgegebenen Graphemen
am Wortanfang finden – Reimwörter unter die vorgegebenen Wörter schreiben
2. Satzanfang und Auswahlergänzungen erlesen – Abbildung daneben betrachten – jeweils zur Abbildung passende Satzergänzung ankreuzen
3. eine richtige Aussage aus Aufgabe 2 auswählen und abschreiben (LeMeSchKo)

43

4 Welches Wort passt in welche Lücke?

| dick glücklich lecker trocken dreckig |

Die Torte schmeckt besonders ____.

Olli kleckert und wird total ____.

Ollis Bauch ist voll und ganz ____.

Aber Olli ist ____.

5

R ^{o} ck

J $^{ck}_{a \; e}$

M $^{ck}_{ü \; e}$

6 Trenne die Wörter mit einem Strich. Schreibe sie dann ab.

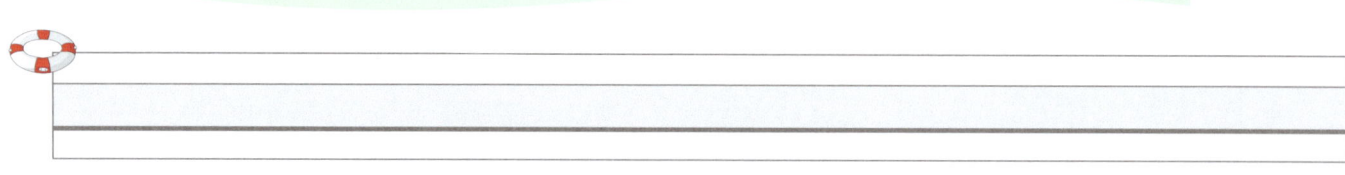

J a c k e R o c k M ü c k e L ü c k e

zu FS 84 – **4.** Auswahlwörter und Lückensätze erlesen – Lückensätze jeweils mit dem passenden Auswahlwort ergänzen – benutzte Wörter im Kasten ausstreichen (ein Wort bleibt übrig: *trocken*) – **5.** Begriff benennen – Einzelbuchstaben erlesen und in der richtigen Reihenfolge miteinander verbinden – Wort in die Zeile zum Bild schreiben – **6.** „Wörterschlange": Wortfolge mehrfach erlesen – Wortgrenzen ermitteln und durch einen roten senkechten Strich kennzeichnen – Wörter einzeln abschreiben (LeMeSchKo)

ß

Fuß

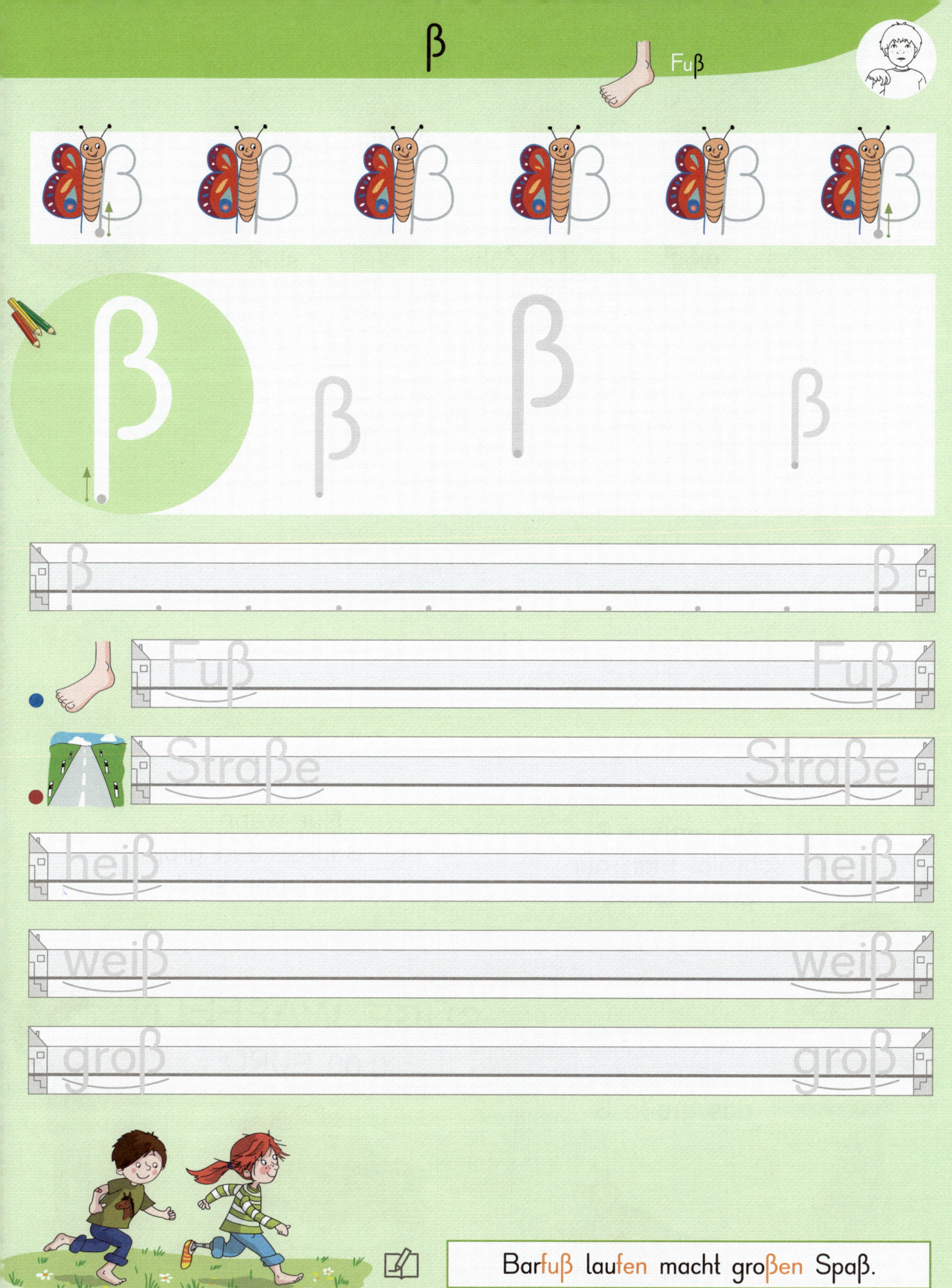

Barfuß laufen macht großen Spaß.

zu FS 85 – oben Formübung ß: rechten Schmetterlingsflügel wie vorgegeben nachspuren – weißes ß mit mehreren Farben
nachspuren – graue ß einmal nachspuren – Felder mit weiteren ß füllen – Schreibansatzpunkt und Richtungspfeil beachten
Mitte alle grauen Vorgaben nachspuren und Restzeilen entsprechend füllen
unten vorgegebenen Satz erlesen und ins Heft abschreiben

45

Fuß   ß

Bilde Aussagen.

| weiß | Zähne | sind |

Zähne sind weiß.

| Blumen | Gärtner | gießen |

| beißen | Hunde | können |

Ein großes ß schreibt man nur ganz selten.

Nur wenn alle Buchstaben großgeschrieben sind.

Markiere das große ß.

SÜßE WAFFELN
3,00 EURO

zu FS 85 – oben Ollis Sprechblase mit Aufgabenstellung erlesen – erstes Beispiel nachvollziehen und nachspuren – aus den Wörtern jeweils oberhalb der Folgezeilen einen weiteren sinnvollen Satz bilden und aufschreiben
unten Klassengespräch: Sprechblasen erlesen und Abbildung betrachten – feststellen, dass auf dem Plakat nur Großbuchstaben verwendet werden – Plakattext erlesen und den Großbuchstaben zum ß finden und einkreisen – optional: beliebige Wörter in Großbuchstaben aufschreiben (an der Tafel oder im Heft)

ß

Fuß

1 **Bilde die Einzahl.**

| • der Fuß | • die Straße | • der Spieß |

die Spieße

der Spieß

die Füße

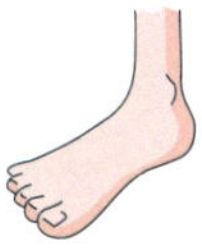

die Straßen

die Grüße
der Gruß

---

2 **Welches Wort passt in welche Lücke?**

| heißt | große | begrüßt | weiß |

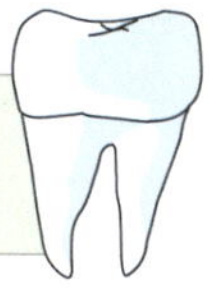

Eine Frau **begrüßt** die Kinder.

Die Frau _____ Nicki Süß.

Frau Süß _____ viel über Zähne.

Es gibt _____ und kleine Zähne.

zu FS 85 – 1. Begriffe *Einzahl* und *Mehrzahl* wiederholen – Ollis Sprechblase erlesen – Auswahlwörter und Wörter über den Zeilen erlesen – Einzahlwörter unter das jeweilige Mehrzahlwort schreiben
2. „Lückensätze": Auswahlwörter und ersten Lückensatz erlesen – Lückenwort im ersten Satz nachspuren – die weiteren Sätze nach und nach erlesen und entsprechend ergänzen – benutzte Wörter im Kasten ausstreichen

47

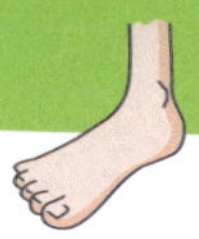

1 Bilde passende Wörter aus Silben.

rei
schlie — βen

einen Rucksack

schlie

grü
bei βen

in eine Banane

---

2 Kreuze an und schreibe ab. 🛟

Die Schneidezähne

○ begrüßen den süßen Olli.

○ beißen große Stücke ab.

○ sind an den heißen Füßen.

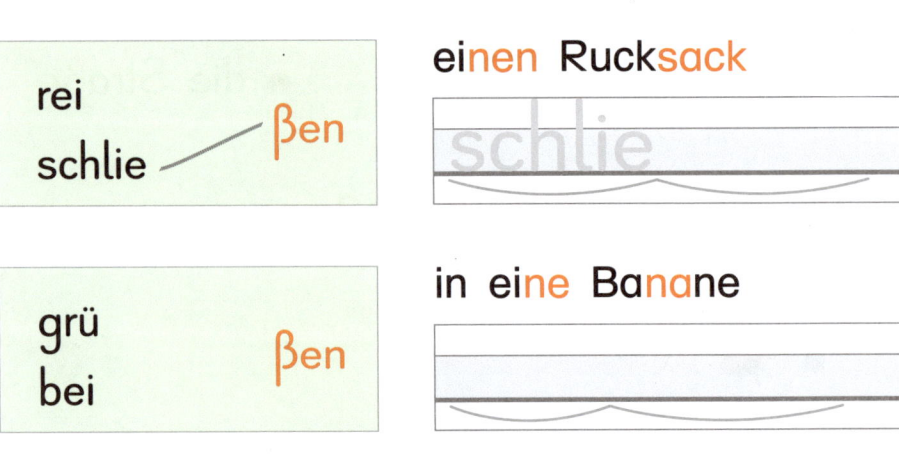

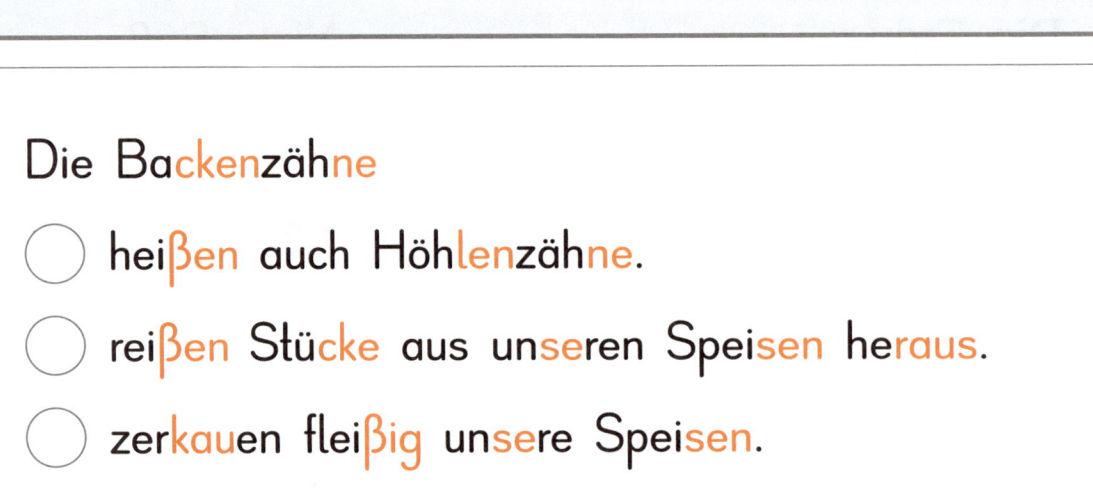

Die Backenzähne

○ heißen auch Höhlenzähne.

○ reißen Stücke aus unseren Speisen heraus.

○ zerkauen fleißig unsere Speisen.

zu FS 85 – **1.** Abbildung betrachten und Silben im Kasten daneben erlesen – Satzfragment über
der Zeile erlesen – dazu passendes Verb aus den Silben zusammensetzen und darunterschreiben
2. oben: Satzanfang und Auswahl der Satzergänzungen erlesen – Abbildung betrachten – zur Abbildung
passende Satzergänzung ermitteln und ankreuzen – vollständigen Satz abschreiben (LeMeSchKo) – unten: vollständigen Satz ins Heft abschreiben

pf   Pf   Pf   pf   pf   Pf   pf

Pf pf

Pferd

Kopf

pflanzen

pflegen

Schreibe die Reimpaare untereinander ab.

| Knopf | Seil | Topf | Pfeil |

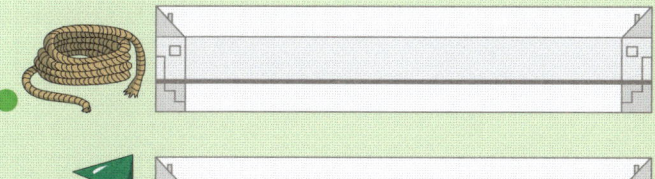

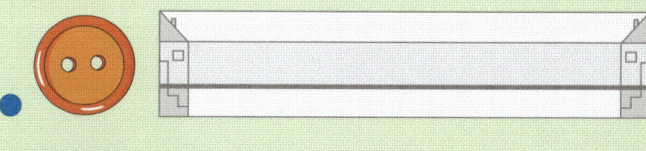

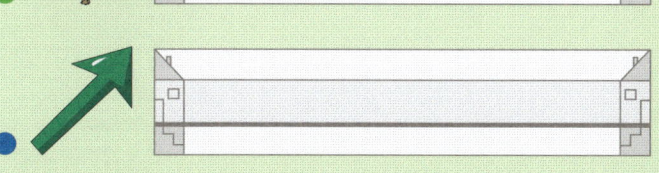

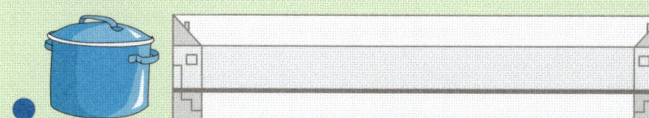

zu FS 86 – oben graue Pf und pf einmal nachspuren – Feld mit weiteren Pf und pf füllen
Mitte alle grauen Vorgaben nachspuren und Restzeilen entsprechend füllen
unten Wörter aus dem Kasten erlesen, abhören und Reimpaare ermitteln – passende Abbildungen
vor den Zeilen suchen und die Reimwörter untereinander zu den Abbildungen schreiben

Pf pf

1 Kreise (Pf) und (pf) ein.

Kreuze an, was passt.

Der Hund

○ hat acht Pfoten.

○ frisst aus einem Napf.

Ein Mädchen pflückt

○ eine Pfanne vom Pflaumenbaum.

○ Pflaumen vom Pflaumenbaum.

2 Ordne die Wörter ein.

● der ● die ● das

● Kopf ● Knopf ● Pferd ● Pfeil ● Topf ● Pfanne

Pf			pf
das Pferd		d	
d		d	
d		d	

zu FS 86 – 1. *Lautbild Pfeil* benennen und deutlich artikuliert sprechen – Satzfragmente erlesen und alle Pf und pf grün einkreisen – Satzanfänge und Auswahlergänzungen erlesen – jeweils passende Satzergänzung ankreuzen
2. Artikel auf Ollis Zettel erlesen (ggf. Farbzuordnung der Artikelpunkte wiederholen) – Pf/pf-Wörter deutlich artikuliert erlesen und dabei den Artikel benennen – Wörter sukzessive auf die jeweilige Lautstellung des Pf bzw. pf abhören und nach An- und Auslaut sortiert mit Artikel in die Tabelle abschreiben

Pf pf

1 Kreise alle (Pf) und (pf) ein. Welches Wort passt?

Pfoten	Knopf	Napf	Pfanne

An der Hose ist ein _____ .

An der

Die _____ ist sehr heiß.

Der Hund hat vier _____ .

2

Z pf o

Pf e r d

A pf e l

3 Finde Reimwörter.

Knopf	Tanne	Herd

zu FS 86 – 1. Auswahlwörter erlesen und alle Pf und pf grün einkreisen – Lückensätze erlesen und jeweils passendes Lückenwort anhand der Auswahl
oben ermitteln – vollständigen Satz in die Zeile abschreiben – genutzte Wörter aus der Auswahl ausstreichen (ein Wort bleibt übrig: Napf)
2. Begriff benennen – Einzelbuchstaben erlesen und in der richtigen Reihenfolge miteinander verbinden – Wort in die Zeile zum Bild schreiben
3. Begriffe oberhalb der Zeilen erlesen – passende Reimwörter frei oder mithilfe der Abbildungen finden und darunterschreiben

51

tz   tz   tz   tz

tz

tz

tz

tz

Satz   Satz

Platz   Platz

Schatz   Schatz

Spatz   Spatz

Ordne jeden Satz einem Bild zu.

Plötzlich leuchtet ein Blitz auf.

Ben ist auf dem Spielplatz.

zu FS 87 – oben graue tz einmal nachspuren – Feld mit weiteren tz füllen
Mitte alle grauen Vorgaben nachspuren und Restzeilen entsprechend füllen
unten Sätze erlesen – abgebildete Begriffe vor den Zeilen benennen und die Sätze durch Abschreiben richtig zuordnen

putzen   putzen

sitzen   sitzen

witzig   witzig

zuletzt   zuletzt

jetzt   jetzt

Ordne richtig zu.

er sitzt   sie schwitzt

er schmatzt   es blitzt

sitzen   →   er sitzt

schwitzen   →   sie

schmatzen   →   er

blitzen   →   es

zu FS 87 – oben alle grauen Vorgaben nachspuren und Restzeilen entsprechend füllen
unten Verben in der 3. Person Singular erlesen – Infinitivformen in der linken Spalte erlesen
und nachspuren – Verbformen aus dem Kasten durch Abschreiben richtig zuordnen

53

1 Lies jeden Satz laut. Achte auf deine Stimme.

> Hilfe,
> es brennt!

> Komm sofort her!

> Setz dich hin!

Ein solcher Satz heißt Ausrufesatz.
Er endet mit einem Ausrufezeichen: !

---

2 Lies jeden Satz.

Markiere: . blau ? gelb ! grün

> Lass den Spatz in Ruhe!
>
> Wann sind Ferien?
>
> Heute scheint die Sonne.

Schreibe hier den **Aussagesatz** ab.

Schreibe hier den **Fragesatz** ab.

Schreibe hier den **Ausrufesatz** ab.

zu FS 87 – Ollis Seite zu „Sätzen":
1. im Klassengespräch Aufgabe erlesen und sich darüber austauschen – weitere Ausrufesätze mündlich formulieren und mit der richtigen Betonung sprechen
– Ausrufezeichen nachspuren und ergänzen 2. Satzschlusszeichen und Begriffe *Aussagesatz/Fragesatz/Ausrufesatz* wiederholen – Beispielsätze erlesen und
die Satzschlusszeichen wie vorgegeben farbig markieren – Sätze nach markierter Bezeichnung sortiert abschreiben

tz

Katze

1 Bilde Reimwörter mit tz.

● der Satz

der Pl_____

● der Witz

der Bl_____

● der Spatz

der Sch_____

---

2 Ergänze die richtigen Wörter.

Der erste Buchstabe im Satz ist immer groß.

der Schatz   der Witz

Der Witz _____ war lustig.

_____ ist auf der Insel vergraben.

der Blitz   der Spatz

D_____ sitzt im Nest.

_____ leuchtet hell am Himmel.

zu FS 87 – 1. Begriffe über den Schreibzeilen erlesen und alle tz grün einkreisen – Reimwörter mit den vorgegebenen Graphemen am Wortanfang finden – Reimwörter unter die vorgegebenen Wörter schreiben
2. Auswahlwörter und Lückensätze paarweise erlesen – jeweils passendes Wort in die Lücke schreiben – benutzte Wörter ausstreichen – Ollis Sprechblase erlesen und auf Großschreibung am Satzanfang achten

55

tz

Katze

1 Was passt wohin?

 Beginne immer mit einem großen Buchstaben.

der Satz   das Kätzchen   das Rehkitz   der Platz

Das _____   sitzt auf Omas Schoß.

D _____   ist einfach zu lesen.

_____   steht allein im Wald.

_____   ist voller Schmutz.

---

2 Zweimal würfeln, lesen und schreiben.

⚀	Fritz
⚁	Der Lehrer
⚂	Tante Ute
⚃	Der Dreckspatz
⚄	Moritz
⚅	Die Katze

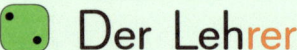 sitzt

⚀	auf dem Fahrrad.
⚁	im Schmutz.
⚂	in der Pfütze.
⚃	auf dem Baum.
⚄	in der Mülltonne.
⚅	im Spatzennest.

zu FS 87 – **1.** Auswahlwörter und Lückensätze erlesen – jeweils passendes Lückenwort ermitteln und mit Artikel in die Zeile schreiben – auf Großschreibung am Satzanfang achten – genutzte Wörter aus der Auswahl ausstreichen – *optional:* alle tz grün einkreisen

2. „Würfelsätze": Partnerspiel (beliebig oft zu wiederholen): erstes Kind erwürfelt Satzanfang aus dem linken Kasten, zweites Kind erwürfelt Satzergänzung – wiederholtes Erlesen des vollständigen Satzes zusammen mit dem Verb *sitzt* als Prädikat – *optional:* erwürfelte Sätze ins Heft schreiben

nk

 Schrank

nk   nk

links   links

dunkel   dunkel

Onkel   Onkel

Schrank   Schrank

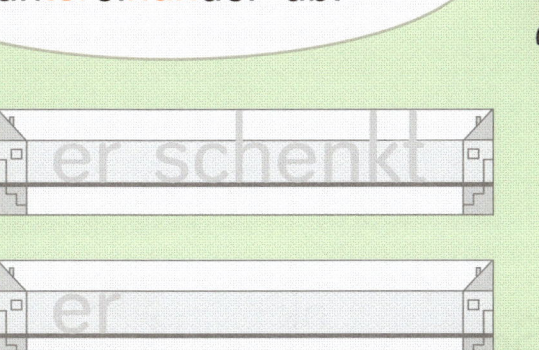

Schreibe alle Reimwörter untereinander ab.

er denkt   sie trinkt

sie winkt   er lenkt

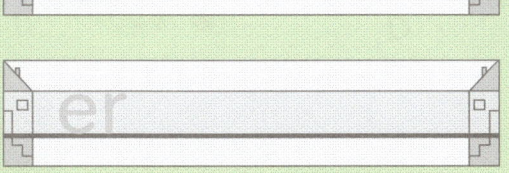

er schenkt

er

er

sie blinkt

sie

sie

zu FS 88 – oben graue nk einmal nachspuren – Feld mit weiteren nk füllen
Mitte alle grauen Vorgaben nachspuren und Restzeilen entsprechend füllen
unten Verbformen im Kasten erlesen, abhören und Reimpaare ermitteln – passende Spalte darunter suchen –
jeweils erstes Beispiel nachspuren und Reimwörter/Verbformen aus dem Kasten untereinander abschreiben

57

1

Immer zwei Wörter gehören zusammen.

Male sie mit der gleichen Farbe an.

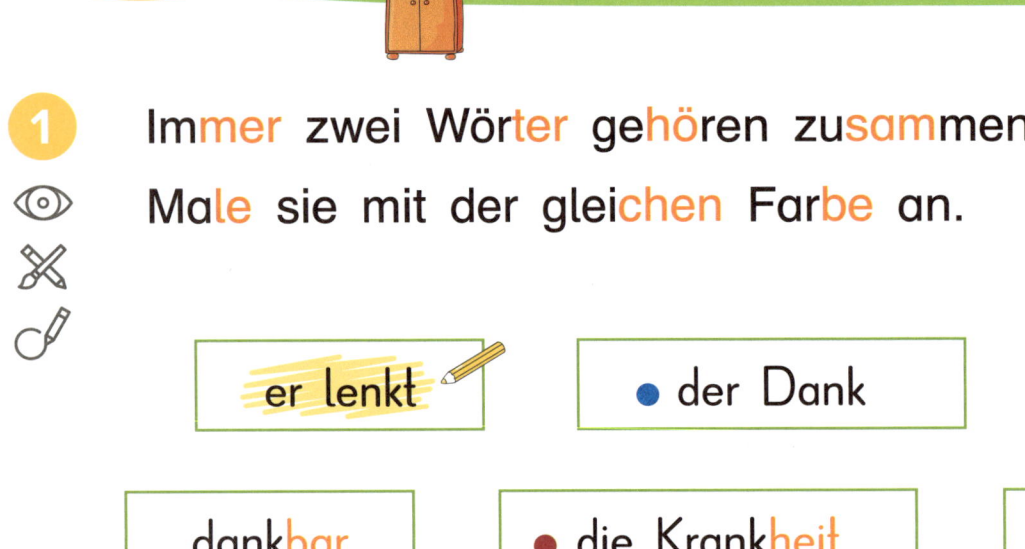

er lenkt	• der Dank	krank
dankbar	• die Krankheit	• das Lenkrad

Kreise dann alle (nk) grün ein.

2

Schreibe hier nun die Wörter von oben ab.

er lenkt ⟷ das L

dankbar ⟷ der D

krank ⟷ die K

3

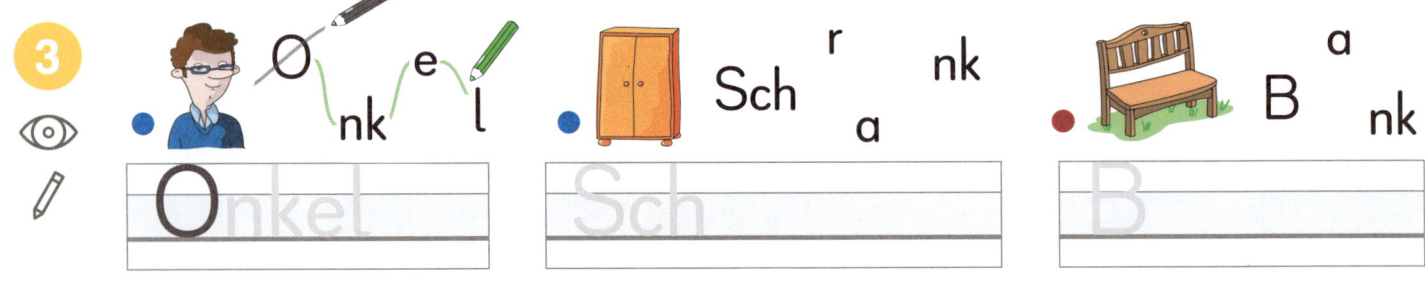

O nk e l → Onkel

Sch r a nk → Sch

B a nk → B

---

zu FS 88 – **1.** *Lautbild Schrank* benennen und Klang des nk am Wortende analysieren – Einführung „Wortfamilie": erstes Beispiel gemeinsam erarbeiten – Kästen, die zu einer Wortfamilie gehören, mit derselben Farbe markieren – Wörter erneut erlesen und alle nk grün einkreisen – **2.** zusammengehörige Wörter aus Aufgabe 1 nebeneinander nachspuren bzw. abschreiben (LeMeSchKo) – **3.** Einführung „Würfelwörter": Begriff benennen – Einzelbuchstaben erlesen und in der richtigen Reihenfolge miteinander verbinden – Wort in die Zeile zum Bild schreiben

nk

 Schrank

1 Kreise alle nk ein.

Sprich die Wörter.

Aha!

| schlank | krank | links | dunkel |

2 Schreibe immer das Gegenteil auf.

Schaue in Aufgabe 1 nach.

dick	gesund	rechts	hell
schlank			

3 Welches Wort passt wohin?

| denken – denkt | trinken – trinkt |

Alle _____ heißen Tee.

Aber Milo _____ ein Glas Milch.

Die Kinder _____ über ein Rätsel nach.

Nur Olli _____ an Nüsse.

zu FS 88 – **1.** *Lautbild Schrank* benennen und Klang des nk am Wortende analysieren – Wörter erlesen – Wort *dunkel* gesondert betrachten und feststellen, dass sich die /nk/-Lautung trotz Silbentrennung nicht ändert – **2.** Adjektive oberhalb der Zeilen erlesen – gegenteilige Begriffe aus Aufgabe 1 herauslesen und jeweils passend unter die vorgegebenen Adjektive in die Zeilen abschreiben (LeMeSchKo) – **3.** Auswahlwörter paarweise erlesen – Lückensätze paarweise erlesen – Auswahlwörter passend in die Lücken abschreiben (LeMeSchKo)

ng

ng   ng   ng

ng   ng   ng

ng   ng

eng   eng

lang   lang

Junge   Junge

fangen   fangen

Was gehört zusammen?

| er springt   er bringt   er singt |

singen

er s

springen

er sp

bringen

er b

zu FS 89 – **oben** graue ng einmal nachspuren – Feld mit weiteren ng füllen
Mitte alle grauen Vorgaben nachspuren und Restzeilen entsprechend füllen
unten Verbformen (3. Person Singular) im Kasten erlesen – Infinitivformen der Verben erlesen – jeweils passende Personalform darunterschreiben

1 Immer zwei Wörter gehören zusammen.

Male sie mit der gleichen Farbe an.

sammeln	• die Hoffnung	• die Ordnung

ordnen	• die Sammlung	hoffen

Kreise dann alle (ng) grün ein.

---

2 Schreibe hier nun die Wörter von oben ab.

sammeln	⟷	die Sammlung
ordnen	⟷	die
hoffen	⟷	die

3

R i ng → R

E ng e l → E

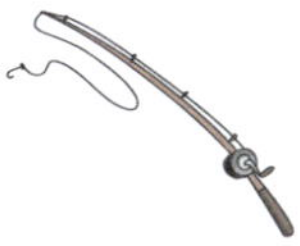

A ng e l → A

zu FS 89 – **1.** *Lautbild Ring* benennen und Klang des ng am Wortende analysieren – „Wortfamilie": Kästen, die zu einer Wortfamilie gehören, mit derselben Farbe markieren – Wörter erneut erlesen und alle ng grün einkreisen – **2.** zusammengehörige Wörter aus Aufgabe 1 nebeneinander nachspuren bzw. abschreiben (LeMeSchKo) – **3.** „Würfelwörter": Begriff benennen – Einzelbuchstaben erlesen und in der richtigen Reihenfolge miteinander verbinden – Wort in die Zeile zum Bild schreiben

61

 R**ing** **ng**

1

 Krei**se** a**lle** ng ein.

 Sprich die Wör**ter**.

jung	eng	lang**wei**lig	lang

2

Schrei**be** im**mer** das Ge**gen**teil auf.

 Schau**e** in Auf**ga**be 1 nach.

breit	alt	kurz	span**nend**
eng			

3

 Wel**ches** Wort passt wo**hin**?

sin**gen** – singt	sprin**gen** – springt

A**lle** Kin**der** _____ ü**ber** den Kas**ten**.

E**la** _____ be**son**ders hoch.

A**lle** Schü**ler** _____ ein lus**ti**ges Lied.

O**lli** _____ be**son**ders laut.

zu FS 89 – 1. *Lautbild Ring* benennen und Klang des ng am Wortende analysieren – Wörter erlesen
2. Adjektive oberhalb der Zeilen erlesen – gegenteilige Begriffe aus Aufgabe 1 herauslesen und jeweils passend unter die vorgegebenen Adjektive in die Zeilen abschreiben (LeMeSchKo)
3. Auswahlwörter paarweise erlesen – Lückensätze paarweise erlesen – Auswahlwörter passend in die Lücken abschreiben (LeMeSchKo)

chs

Fu**chs**

chs   chs   chs   chs   chs

chs   chs

6 sechs   sechs

Fuchs   Fuchs

Dachs   Dachs

wachsen   wachsen

Bilde Sät**ze.**

ein Fisch.	ist	Der Lachs

sind	aus Wachs.	Die Ker**zen**

zu FS 92 – oben graue chs einmal nachspuren – Feld mit weiteren chs füllen
Mitte alle grauen Vorgaben nachspuren und Restzeilen entsprechend füllen
unten Satzfragmente oberhalb der Schreibzeilen erlesen – jeweils einen sinnvollen Satz daraus bilden und aufschreiben

63

chs

Fuchs

1 Kreise alle (chs) ein.

Kreuze die richtige Zeile an.

Im Wald

- ○ leben der Löwe und der Elefant.
- ○ leben der Fuchs und der Dachs.
- ○ leben der Lachs und der Delfin.

Käfer

- ○ fressen viel Kerzenwachs.
- ○ lesen gerne Zeitung.
- ○ haben sechs Beine.

2 Schreibe die Wörter ab.

Wachs

Dachs

sechs

3

F u chs

F

W a chs

a

D a chs

zu FS 92 – **1.** *Lautbild Fuchs* benennen und Klang des chs am Wortende analysieren – Satzfragmente erlesen und alle chs grün einkreisen – Satzanfänge und Auswahlergänzungen erlesen – jeweils passende Satzergänzung ankreuzen
2. chs-Wörter erlesen und abschreiben (LeMeSchKo)
3. „Würfelwörter": Begriff benennen – Einzelbuchstaben erlesen und in der richtigen Reihenfolge miteinander verbinden – Wort in die Zeile zum Bild schreiben

 Fuchs

1 Kreise alle chs ein. Ordne zu.

| Fuchs | Dachs | Ochse | Eidechse |

2 Setze die Wörter passend ein.

| Dachs | Wachs | sechs | Fuchs | Lachs |

Der _____ ist ein Fisch.

Kerzen werden aus _____ gemacht.

Der _____ hat ein schwarz-weißes Fell.

Der Hase rennt vor dem _____ davon.

Annas Würfel zeigt _____ Punkte.

3 Schreibe die Sätze aus Aufgabe 2 ins Heft ab.

zu FS 92 – 1. *Lautbild Fuchs* benennen und Klang des chs am Wortende analysieren – Tiernamen im Kasten erlesen und durch Abschreiben den passenden Abbildungen zuordnen
2. Auswahlwörter und Lückensätze erlesen – Lückensätze mit den passenden Wörtern ergänzen (LeMeSchKo) – benutzte Wörter im Kasten ausstreichen
3. vollständige Sätze aus Aufgabe 2 ins Heft abschreiben (LeMeSchKo)

65

Y y

Yacht Pyramide Baby

Okay!
Und das hier sind
schwierige Wörter.

Pyramide   Zylinder   Teddy

zu FS 93 – **oben** *Lautbilder Yacht, Pyramide und Baby* benennen (ggf. Begriffe klären) und die unterschiedlichen Lautungen des Y/y herausarbeiten – weiße Y und y mit mehreren Farben nachspuren – graue Y und y einmal nachspuren – Felder mit weiteren Y bzw. y füllen – Schreibansatzpunkte und Richtungspfeile hier besonders beachten! – **Mitte** alle grauen Vorgaben nachspuren und Restzeilen entsprechend füllen – **unten** vorgegebene Begriffe erlesen (ggf. klären) und den Abbildungen durch Abschreiben zuordnen

 **Y y**  Yacht  Pyramide  Baby

1 Schreibe jedes Wort mit Artikel auf.

● Baby	● Pyramide	● Teddy
● Zylinder	● Pony	● Yacht

● der T

●

● die Y

●

● das

●

---

2 Was ist richtig? Kreuze an.

◯ Das Pony ist ein kleines Pferd.

◯ Der Teddy ist ein Löwe aus Stoff.

◯ Der Zylinder gehört an die Füße.

◯ Das Baby muss Windeln tragen.

◯ Die Yacht ist ein teures Boot.

zu FS 93 – 1. *Lautbilder Yacht, Pyramide und Baby* benennen und deren Y/y-Lautungen wiederholen – Wörter erlesen und Artikel/Begleiter dazu nennen – Wörter analog zu den vorgedruckten Artikelpunkten mit Artikel in die Zeilen abschreiben
2. Fragestellung und Aussagen erlesen – richtige Aussagen ankreuzen (1., 4., 5.)

67

 Yacht  Pyramide  Baby

1 Wie klingt das Y y? Ordne zu.

| Pyramide | Baby | Pony | Yacht | Teddy | Zylinder |

 Y y klingt wie i

 Y y klingt wie ü

 Y y klingt wie j

2 Löse das Rätsel. → ↓

Finde das Lösungswort.

Schreibe hier alle Buchstaben groß.

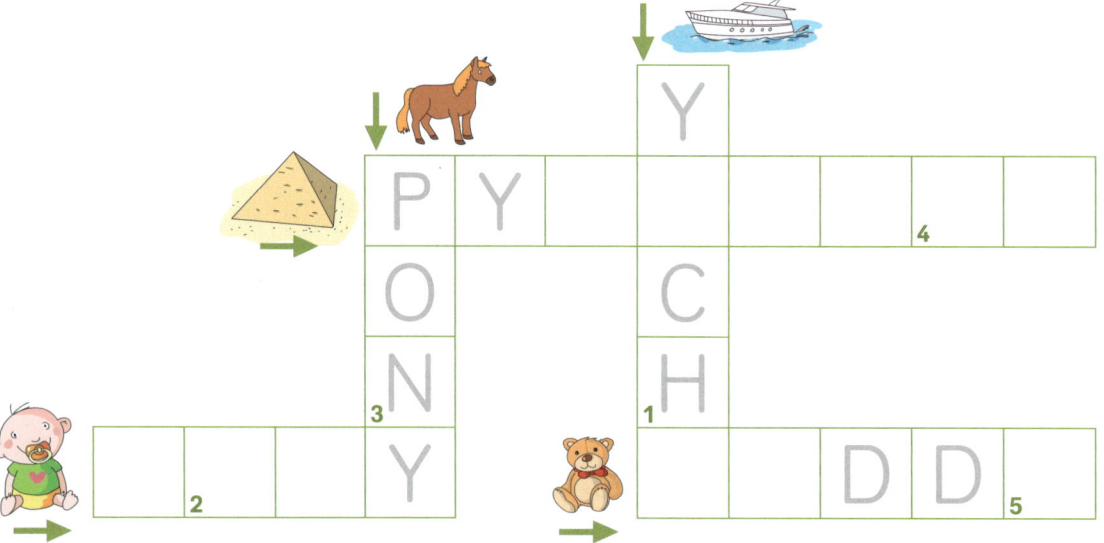

Lösungswort: | H | | | | |
| 1 | 2 | 3 | 4 | 5 |

Lösungswort: HANDY

zu FS 93 – 1. *Lautbilder Yacht, Pyramide und Baby* benennen und deren Y/y-Lautungen wiederholen – Y/y-Wörter erlesen und nach der jeweiligen Y/y-Lautung abhören (wie /i/, wie /ü/ oder wie /j/) – Wörter durch Abschreiben in die passende Zeile der passenden Y/y-Lautung zuordnen – **2. Einführung „Kreuzworträtsel":** Vermutungen zu Lösungswegen äußern – Großschreibung und Schreibausrichtung thematisieren – abgebildete Begriffe benennen – Begriffe in Großbuchstaben nachspuren bzw. passend eintragen – Lösungswort anhand der Ziffern ermitteln und eintragen (Lösungswort: *Handy* – im grünen Kasten obere Hälfte lesbar)

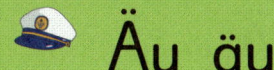 **Äu äu**  Mäuse

Äu

äu

Äu

äu

Äu

Äu äu .... Äu äu

Läufer .... Läufer

Mäuse .... Mäuse

träumen .... träumen

häufig .... häufig

| die Zäune | die Häuser | die Bäume |

Einzahl → **Mehrzahl**

das Haus	→	die
der Baum	→	
der Zaun	→	

---

zu FS 94 – oben graue Äu und äu einmal nachspuren – Feld mit weiteren Äu und äu füllen
Mitte alle grauen Vorgaben nachspuren und Restzeilen entsprechend füllen
unten Mehrzahlformen im Kasten erlesen – Einzahlformen in der linken Spalte erlesen und nachspuren –
Mehrzahlformen durch Abschreiben der passenden Einzahlform zuordnen

69

1 Kreise zuerst alle (Äu) und (äu) ein.

Wie ist es bei dir? Kreuze an.

Ich räume

○ häufig mein Zimmer auf.

○ manchmal mein Zimmer auf.

○ nie mein Zimmer auf.

Ich träume

○ nie von Mäusen mit lila Äuglein.

○ oft von Häusern auf Bäumen.

○ gerne von _____ .

---

2 Wo fehlt hier etwas? Ergänze: Äu äu (7-mal).

Olli traumt haufig seltsame Sachen.

Olli macht seine Auglein zu.

Jetzt traumt er:

Rote Mause tanzen auf Baumen

und machen komische Gerausche.

zu FS 94 – 1. *Lautbild Mäuse* benennen und Klang des äu analysieren – Satzfragmente erlesen und alle Äu und äu rot einkreisen – Satzanfänge und Auswahlergänzungen erlesen – jeweils passende Satzergänzung ankreuzen und letzten Satz individuell ergänzen
2. Olli-Text erlesen und fehlende Umlautpünktchen ergänzen

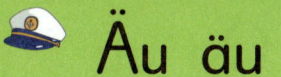
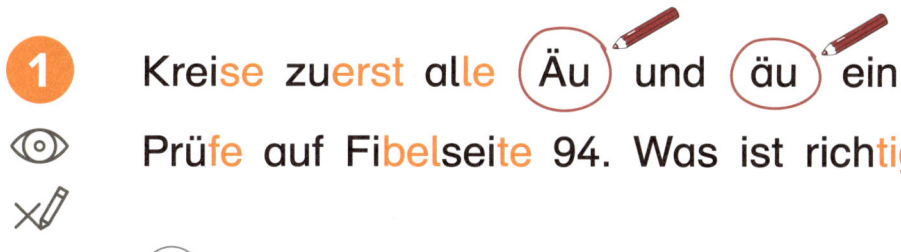

1 Kreise zuerst alle Äu und äu ein.

Prüfe auf Fibelseite 94. Was ist richtig? Kreuze an.

○ Milo fährt mit dem Rollstuhl durch zwei Räume.

○ Hörgeräte helfen Äuglein, besser zu sehen.

○ Häufig bleibt Milo mit dem Rollstuhl hängen.

○ Olli tippt auf das Symbol „Mäuse".

○ Auf einer Säule steht: Technik hilft Läusen.

2 Bilde immer die Mehrzahl.

der Strauch → die Sträucher

das Haus → die

der Zaun →

die Laus →

3 Schreibe eine kleine Geschichte mit diesen Wörtern.

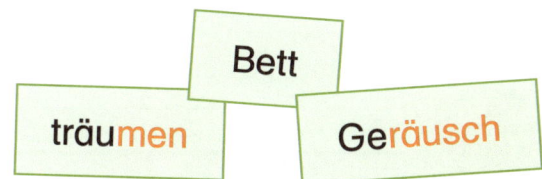

Bett

träumen

Geräusch

zu FS 94 – 1. Sätze erlesen und alle Äu und äu rot einkreisen – Fibelseite 94 aufschlagen – Sätze der Aufgabe nach und nach erlesen
und jeweils mit den Aussagen des Fibeltextes abgleichen – alle Aussagen ankreuzen, die sich mit den Fibeltext-Inhalten decken (1., 3.)
2. Einzahlbegriffe erlesen und nachspuren – jeweiligen Mehrzahlbegriff mit Artikel danebenschreiben
3. freies Schreiben nach Aufgabenstellung

71

Qu Qu Qu

Qu

Qu

Quadrat

Qualm

Qualle

Ordne jeden Satz einem Bild zu.

Die Kinder spielen Quartett.

Der Quark schmeckt lecker.

Der Affe macht Quatsch.

zu FS 95 – oben weißes Qu mit mehreren Farben nachspuren – graue Qu einmal nachspuren – Feld mit weiteren Qu füllen –
Schreibansatzpunkte und Richtungspfeile beachten
Mitte alle grauen Vorgaben nachspuren und Restzeilen entsprechend füllen
unten Sätze erlesen – abgebildete Begriffe vor den Zeilen benennen und die Sätze durch Abschreiben richtig zuordnen

72

qu

qu

qu

qu | qu

Qu qu | Qu qu

quer | quer

quaken | quaken

bequem | bequem

quaken   qualmen   quasseln   quieken

Im Aquarium quatschen Quallen.

zu FS 95 – **oben** weißes qu mit mehreren Farben nachspuren – graue qu einmal nachspuren – Feld mit weiteren qu füllen – Schreibansatzpunkte und Richtungspfeile beachten – **Mitte** alle grauen Vorgaben nachspuren und Restzeilen entsprechend füllen – **unten** Verben erlesen – abgebildete Begriffe vor den Zeilen benennen und die Verben durch Abschreiben richtig zuordnen – Satz im Kasten erlesen und ins Heft abschreiben

73

Qu qu

1 Kreise alle Qu und qu ein. Ordne dann zu.

| Qualm | Qualle | Aquarium | Quadrat |

Qu

2 Immer 2 Wörter gehören zusammen. Verbinde.

• Quatsch

quaken   quatschen

• Qualm

quaken   qualmen

• Quadrat

quadratisch   quer

3 Lies und schreibe richtig ins Heft ab.

Quirlige Quallen schwimmen
quer durch die Quelle.

zu FS 95 – 1. Wörter im Kasten erlesen und alle Qu und qu grün einkreisen – abgebildete Begriffe benennen und Wörter durch Abschreiben passend zuordnen (LeMeSchKo)
2. Wörter aus einem Kasten erlesen und Gemeinsamkeiten ermitteln – zusammengehörige Wörter jeweils miteinander verbinden
3. Zungenbrecher erlesen und ins Heft abschreiben (LeMeSchKo)

74

Qu qu

1 Würfelt einmal für 🎲 ... ... und einmal für 🎲.

🎲		🎲	
⚀	Das Quadrat	⚀	quietscht laut.
⚁	Die Verkäuferin	⚁	qualmt.
⚂	Das Quiz	⚂	ist quadratisch.
⚃	Das Aquarium	⚃	frisst Erdbeerquark.
⚄	Das Quartett	⚄	quasselt Unsinn.
⚅	Die Qualle	⚅	schmeckt lecker.

✏️ Schreibe Sätze ins Heft ab, die ihr gewürfelt habt. 🛟

---

2 Welches Wort passt wohin? 🛟

quieken	quasseln	quaken	qualmen

Feuer können _____ .

Frösche sitzen am Teich und _____ .

Papageien _____ viel Unsinn.

Schweine _____ im Stall.

zu FS 95 – **1.** Partnerspiel (beliebig oft zu wiederholen): erstes Kind erwürfelt Satzanfang aus dem linken Kasten, zweites Kind erwürfelt Satzergänzung –
Erlesen des vollständigen Satzes – erwürfelte Sätze ins Heft abschreiben (LeMeSchKo)
2. Auswahlwörter und Lückensätze erlesen – Lückensätze mit den passenden Wörtern ergänzen (LeMeSchKo) – benutzte Wörter im Kasten ausstreichen

75

X x

Taxi

Taxi

Text

Xylofon

extra

mixen

Die Hexe Xenia mixt fix einen Nixenquark.

zu FS 96/97 – oben weiße X und x mit mehreren Farben nachspuren – graue X und x einmal nachspuren –
Felder mit weiteren X bzw. x füllen – unterschiedliche Schreibansatzpunkte und Richtungspfeile hier besonders beachten!
Mitte alle grauen Vorgaben nachspuren und Restzeilen entsprechend füllen
unten Zungenbrecher erlesen und in die Zeilen abschreiben

X x

 Taxi

1

Hexe   Taxi   Text   Mixer

Xylofon   Nixe

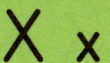

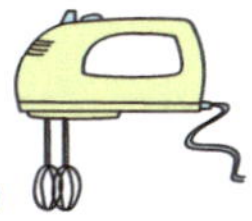

🔴

🔵

🟢

🔵

🔴

🟢

2

Schreibe zwei Wörter mit Artikel auf.

Nixe   Text   Xylofon

3

die Hexe ➡ *wir hexen*

der Boxer ➡ *wir*

der Mixer ➡ *wir*

---

zu FS 96/97 – 1. Auswahlwörter erlesen und abgebildete Begriffe benennen – Auswahlwörter den Abbildungen durch Abschreiben zuordnen (LeMeSchKo) – benutzte Wörter im Kasten ausstreichen
2. Wörter aus dem Kasten mit Artikel (siehe Artikelpunkte in Aufgabe 1) in die Zeile abschreiben (LeMeSchKo)
3. Nomen erlesen und nach passenden Verben suchen – erstes Beispiel nachspuren – Verben zu *Boxer* und *Mixer* selbstständig neben die Nomen schreiben

X x

 Taxi

1 Ergänze die Einladung.

| Hexe | Fest | mixen | Eltern | Text | Nixensaft |

Liebe _____ ,

Am 10. Juli feiern wir am Bootshaus ein _____ .

Wir spielen ein Rollenspiel mit der _____ Trixi.

Wir grillen extralange Bratwürste.

Dazu _____ wir Getränke und _____ .

---

2 Setze die richtigen Satzzeichen ein: **.** oder **!** oder **?** .
Schreibe nur den Fragesatz ab.

> Wer spielt auf dem Xylofon __
>
> Das Instrument Xun klingt sehr schön __
>
> Vorsicht, das Saxofon fällt um __

_____

zu FS 96/97 – 1. Auswahlwörter und Lückensätze erlesen – Lückensätze mit den passenden Wörtern
ergänzen (LeMeSchKo) – benutzte Wörter im Kasten ausstreichen (ein Wort bleibt übrig: Text)
2. Sätze erlesen und mit dem passenden Satzschlusszeichen ergänzen – Fragesatz in die Zeile abschreiben (LeMeSchKo)

Unser Lomi hat uns überall hingebracht.

1

Mila, Milo und Olli haben gemeinsam viel erlebt.

Könnt ihr erraten, wovon sie erzählen?

Ihr könnt auch in der Fibel nachschauen.

Verflixt nochmal! Plötzlich waren wir ganz klein.

Alle Tiere waren riesig, sogar die Bienen!

Zum Glück hat uns Milos Hund Fiete gefunden.

Wir waren unter dem _____

Könnt ihr euch noch an Biepe und Raune erinnern?

Dort waren wir in einer ganz anderen Welt.

Es gab fliegende Häuser und Lehrer, die mit seltsamen

Zeichen rechneten.

Wir waren in der _____

Einmal landeten wir sogar in einer komischen Höhle.

Am Anfang dachten wir, es sei gefährlich.

Doch plötzlich tauchte Nicki Süß auf. Sie erklärte uns,

wo wir waren. Dann hatten wir Spaß beim Klettern und

Hüpfen.

Wir waren in einer _____

Lösungen: Mundhöhle   Küchenschrank   Zukunft

1. Klassengespräch: gemeinsam die Fibelgeschichten Revue passieren lassen – sich darüber austauschen, welches Abenteuer von Olli und den Fibelkindern am besten gefallen hat – Textabschnitte einzeln erlesen und über den jeweiligen Ort des gemeinten Geschehens spekulieren – Lösungen in die Zeilen schreiben (Lösungen im grünen Kasten unten)

79

Inhaltsverzeichnis